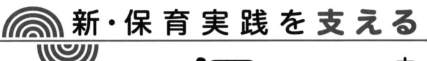

新・保育実践を支える

保育内容総論

中村 恵・水田聖一・生田貞子 編著

福村出版

JCOPY 〈出版者著作権管理機構 委託出版物〉

本書の無断複写は著作権法上での例外を除き禁じられています。複写される場合は，そのつど事前に，出版者著作権管理機構（電話 03-5244-5088，FAX 03-5244-5089，e-mail: info@jcopy.or.jp）の許諾を得てください。

まえがき

　保育内容総論とは，保育内容を総合的に捉える視点を養うものである。本書は保育の基本・指導の在り方や各領域の捉え方を理解し，総合的に指導することの重要性について学びを深めるのに役立つだろう。

　21世紀の幼児教育のキーワードは「学び」であり，子ども主体の遊びや活動を通して自ら学ぶ姿を支えることが求められると言われている。また，欧米を中心に注目されているのが，いわゆる「非認知能力」と呼ばれるものである。従来，日本の幼児教育は，「心情・意欲・態度」を「環境を通して行う教育」により育むこと，子どもの意欲や興味・関心を大切にしてきた。いわゆる非認知能力を育んできたとも言える。2017（平成29）年に同時に改訂（定）された幼稚園教育要領，保育所保育指針，幼保連携型認定こども園教育・保育要領の3法令は，これらを踏まえたものとなっている。

　本書『新・保育実践を支える　保育内容総論』は，3法令が2018（平成30）年度より同時に施行されることに伴い，前版の部分的な内容の更新にとどまらず，全面的な改訂を行った。幼稚園教諭や保育士，保育教諭等の保育者を目指す人たちが，保育内容について総合的に理解し，今回の改訂（定）の方向性や今日的課題を理解しやすいように編集されている。幼稚園教育要領においては，育てたい資質・能力として「知識及び技能の基礎」「思考力，判断力，表現力等の基礎」「学びに向かう力，人間性等」という「3つの柱」が小学校以降の教育との関連性を意識して整理され，さらに「10の姿」が明記されている。言葉の表現としては新たに加えられたものであるが，まったく新しい考え方というわけではない。自発的な活動である遊びを通して気づいたことは，「知識」に該当し，遊びのプロセスにおける工夫は「思考」で，「もっと○○したい」という意欲は，「学びに向かう力」である。従来から「3つの柱」を大事に育んできたとも言える。さらに，これらの資質・能力は，相互的に絡み合うようにして伸びていくことを意識する必要があると言われている。従来から幼児教育においては「総合的な指導を行う」ことが重要とされてきたことに通

じるものである。保育内容として，どれか一つの力を育てる活動はあり得ないとも言える。さらに，5歳児修了時までに育ってほしい姿として示された「10の姿」は，従来の5領域を具体的な姿として表したものである。

幼児教育の在り方として，従来から大切にしてきた「環境を通して行う教育」を基本とし，幼児の自発的な活動としての遊びを中心とした生活を通して，一人一人に応じた総合的な指導を行っていくことは継続しつつ，カリキュラム・マネジメントや幼児教育において育みたい資質・能力と幼児期にふさわしい評価の在り方を明確化する必要がある。その手立てが，本書の中に多くの事例とともに記されている。主体的・対話的・深い学びの実現は幼児教育のみならず，保育者養成のプロセスにおいても非常に重要である。ぜひ本書とともに，自ら学ぶ喜びを感じてほしいと願うものである。

本書は，大学等の養成校（養成機関）の授業で使いやすいように15章で構成されている。つながり合う章もあり，全体を通して「保育内容総論」を学習するよう，さまざまな今日的なテーマを網羅している。読み手には本書を読んだ後に，さらに深く学び，実践につながるヒントを見出していただきたい。

本書は，養成校のテキストとして編集されているが，保育者を目指す方のみならず，現場や行政，保護者の方など，保育に関心がある多くの方々にページを捲っていただけることを期待している。また，未熟な点をご指導いただき，ご一緒に保育について考える機会を与えていただけたら幸甚の至りである。

最後に，本書の出版にあたり，お力添えをいただいた福村出版編集部に心よりお礼申し上げる。

2018年2月　　　　　　　　　　　　　　　　　　編者一同

目　次

まえがき (3)

1章　保育内容・カリキュラムの基本構造 ……………11
　1節　子どもの育ちと保育内容・カリキュラム ……………11
　　　1　保育における子どもの育ち (11)
　　　2　子ども理解に基づく保育内容・カリキュラム (12)
　2節　保育におけるカリキュラム ……………13
　　　1　カリキュラムのもとの意味 (13)
　　　2　カリキュラムの類型 (13)
　　　3　教育課程・保育課程とは (13)
　3節　保育内容の構造 ……………16
　　　1　保育内容とは (16)
　　　2　幼稚園教育要領，保育所保育指針における保育内容 (16)
　　　3　保育内容の構造——目標・ねらい・内容のつながり (17)
　4節　これからの保育内容・カリキュラムに求められること ……19

2章　保育内容・カリキュラムの変遷 ……………21
　1節　戦前の幼児教育と保育内容 ……………21
　　　1　明治期の幼児教育 (21)
　　　2　大正自由教育と子ども中心の保育 (23)
　2節　戦後の幼児教育と保育内容 (25)
　3節　平成29年告示「保育所保育指針」までの流れ ……………27
　　　1　児童福祉法の改正 (27)
　　　2　「保育に欠ける」から「保育を必要とする」へ (28)
　　　3　保育所保育指針の改定の方向性 (29)

3章　世界の保育カリキュラム ……………35
　1節　世界の保育カリキュラムの2つの傾向 ……………36
　2節　ベルギーの「経験による教育」 ……………38
　3節　アメリカの「ハイスコープカリキュラム」 ……………39
　4節　イタリアの「レッジョ・エミリア」 ……………41
　5節　ニュージーランドの「テ・ファリキ」 ……………43
　6節　スウェーデンの就学前カリキュラム ……………44

7節　世界の保育カリキュラムから学ぶ際に大切にしたいこと ……46

4章　幼児教育の捉え方 ………………………………………………49

　1節　幼児教育施設としての位置づけ ……………………………49

　2節　幼児教育における見方・考え方 ……………………………50

　3節　幼児期の教育は環境を通して行う …………………………51

　4節　幼児教育において育みたい資質・能力の3つの柱 ………52

　　　1　3つの柱は3法令共通（52）

　　　2　幼児期の終わりまでに育ってほしい10の姿（55）

　5節　幼児の積極的な学びとなるように …………………………65

5章　環境を通して行う教育 …………………………………………66

　1節　環境を通して行う教育と子どもの能動性 …………………66

　2節　環境を通して行う教育での指導 ……………………………69

　3節　「応答する環境」づくり ………………………………………70

　4節　環境に関わる力 ………………………………………………71

　　　1　五感で環境に関わる（71）

　　　2　センス・オブ・ワンダーで環境に関わる（72）

　　　3　子どもの「なぜだろう？」に付き合う（73）

　5節　ふさわしい環境を構成するための視点 ……………………74

　　　1　生活の場としての環境（74）

　　　2　雰囲気ということ（74）

　　　3　心理的な原則（74）

　　　4　人的環境としての保育者（75）

6章　遊びによる総合的な指導 ………………………………………78

　1節　育みたい資質・能力 …………………………………………79

　2節　育ってほしい10の姿 …………………………………………82

　　　1　健康な心と体（82）

　　　2　自立心（83）

　　　3　協同性（83）

　　　4　道徳性・規範意識の芽生え（83）

　　　5　社会生活との関わり（84）

　　　6　思考力の芽生え（84）

　　　7　自然との関わり・生命尊重（85）

　　　8　数量や図形，標識や文字等への関心・感覚（85）

　　　9　言葉による伝え合い（86）

　　　10　豊かな感性と表現（86）

3節　遊びを通して行うことの意味 ……………………………………87

7章　多様な子どもたちが共生し，包摂される保育 …………91

1節　多様な子どもたちが共生し，包摂される保育の理念 ……91
　　　1　盲人の国に迷い込んだヌメスの物語（91）
　　　2　特別な配慮を必要とする子どもたち（92）
　　　3　共生社会とインクルーシブ教育（93）
2節　多文化保育——外国につながる子どもたち ………………95
　　　1　外国につながる子どもたち（95）
　　　2　多文化保育という可能性（96）
　　　3　多文化化する保育現場で求められていること（97）
3節　インクルーシブ保育——障害のある子どもたち …………98
　　　1　障害のある子どもたち（98）
　　　2　障害のある子どもの保育形態の移り変わり（100）
　　　3　インクルーシブ保育の実現に向けて（101）
4節　すべての子どもたちが共生し，包摂される保育を支えるために ……103

8章　家庭・地域・小学校との連携を踏まえた保育 …………105

1節　家庭との連携を踏まえた保育 ………………………………105
　　　1　家庭との連携の必要性（105）
　　　2　具体的な連携の実際（106）
2節　地域との連携 ………………………………………………110
　　　1　地域の社会資源（110）
　　　2　地域との連携（111）
3節　小学校との連携 ……………………………………………112
　　　1　小学校との連携について（112）
　　　2　小学校と幼児教育機関との違い（114）
　　　3　小学校との連携で必要なこと（115）
　　　4　連携の実際（116）

9章　発達と学びの連続性を意識した保育内容 …………………118

1節　子どもたちの発達と学びの連続性を考える ………………118
　　　1　保育現場を取り巻く状況（118）
　　　2　乳幼児期の保育を支える環境（119）
2節　「過程」として子どもの発達を捉える ……………………120
　　　1　8つの区分で捉える発達過程の特徴（120）
　　　2　発達についての情報発信者としての役割（123）
3節　子どもたちに育みたい資質・能力 …………………………124

1　子どもたちの主体的な活動を支える（124）
　　　2　野菜の栽培・収穫を通した学び（124）
　　　3　保育者の視点（128）

10章　幼児教育における見方・考え方と保育内容 ……………130
　1節　保育内容の考え方となる視点 ………………………………130
　2節　幼児一人ひとりの特性に応じ，発達の課題に即した指導 ……131
　　　1　泥だんご作りへの挑戦（132）
　　　2　集団活動への参加（134）
　3節　遊びや生活を通した総合的な指導 …………………………136
　4節　意図的・計画的な人的・物的な環境の構成 ………………139
　5節　まとめ ………………………………………………………140

11章　保育内容と小学校の教科との接続のあり方 ……………142
　1節　就学前教育と初等教育の接続の重要性 …………………142
　　　1　就学前教育と初等教育の接続の難しさ（142）
　　　2　就学前教育と初等教育の接続の意義（144）
　2節　就学前教育と初等教育の「学び」…………………………145
　　　1　幼児期と児童期（146）
　　　2　保育内容の特色（147）
　　　3　教科の特色（147）
　　　4　保育内容と教科（148）
　3節　就学前教育と初等教育の接続の実際 ……………………149
　　　事例1「学校ごっこ」（149）
　　　事例2「芋掘り」（150）
　4節　ゆるやかな接続に向けて …………………………………151

12章　乳児と満3歳までの保育内容 ……………………………153
　1節　乳児保育（3歳未満児保育）の意義 ……………………153
　　　1　保護者の就労等を支援する（153）
　　　2　子どもの発達を保障する（154）
　　　3　地域における子育てを支援する（156）
　2節　3歳未満児の発達の特徴 …………………………………157
　　　1　乳児と3歳未満児の姿（157）
　　　2　0歳児の様子とデイリープログラムの例（158）
　　　3　1歳児の様子とデイリープログラムの例（160）
　3節　3歳未満児保育の課題 ……………………………………162
　　　1　乳児保育における保育者の専門性（162）

2　求められる安全保育の概念（163）

13章　3，4，5歳児の保育内容 ……………………166
　　1節　幼児期に育つ力 ………………………166
　　2節　「幼児期の終わりまでに育ってほしい姿」 ……………168
　　3節　事例からみる3歳児，4歳児，5歳児の特徴と保育内容 ……171
　　　1　3歳児の保育内容（171）
　　　2　4歳児の保育内容（173）
　　　3　5歳児の保育内容（176）
　　　4　ワークシート（178）

14章　主体的，対話的で深い学びと保育内容 ……………182
　　1節　幼稚園教育要領第1章「総則」より
　　　　　「指導計画の作成上の留意事項」 ………………182
　　2節　アクティブ・ラーニング ………………183
　　3節　保育におけるICTの活用
　　　　　――アクティブ・ラーニングのツールとして ………186
　　　事例1　花がさいたよ（186）
　　　事例2　「ようぶつえん」（幼稚園の動物園）を創る（187）

15章　幼児期にふさわしい評価のあり方 ……………195
　　1節　幼稚園教育要領第1章「総則」より
　　　　　「保育の計画及び評価」 …………………195
　　　事例1　和夫（仮名）も一緒にできる運動会にするために（196）
　　2節　学びの評価（ラーニングストーリー） …………199
　　3節　ラーニングストーリーの活用事例 …………203
　　4節　ドキュメンテーション活用の事例 …………205

付録　「3つの柱」と「10の姿」 …………………209
　　　1　幼稚園教育において育みたい資質・能力（3つの柱）（209）
　　　2　「幼児期の終わりまでに育ってほしい姿」（10の姿）（209）

　索引（212）

1章　保育内容・カリキュラムの基本構造

1節　子どもの育ちと保育内容・カリキュラム

　保育内容やカリキュラムという言葉を聞いて，あなたは何を思い浮かべるだろうか。幼稚園や保育所，認定こども園では，それぞれの園でどのような保育を行うのかについての基本的な指針を持ち，日々の保育を行っている。その指針となるのが，保育内容やカリキュラムである。
　ここでは，保育内容やカリキュラムが子どもの育ちにとってどのような意味を持つのか，あるいはなぜ必要なのかということを考えてみたい。

1　保育における子どもの育ち

　子どもたちは，園生活を通してさまざまに成長していく。保育における子ど

※写真と本文の内容は直接的には関係ありません。

もの育ちは，大人が何かを「教え込む」ことによって促されるものではなく，子ども自身が主体となるものである。

　それでは，子ども自身が主体となる育ちとは，いったいどのようなものなのだろうか。幼稚園教育要領では，「幼児の主体的な活動」や「幼児の自発的な活動としての遊び」が，子どもの育ちにとって重要なものであることが示されている（第1章「総則」）。そのような活動や遊びは，子どもが興味や好奇心を持って身近な人やモノと関わる中で，さまざまなことを感じたり，考えたり，試したりしながら，自分の世界を広げていくこと（＝主体的な育ち）に結びついている。

2　子ども理解に基づく保育内容・カリキュラム

　このような子どもの育ちをより豊かなものにするために，保育者はどのような役割を果たすのだろうか。「教師は，幼児の主体的な活動が確保されるよう幼児一人一人の行動の理解と予想に基づき，計画的に環境を構成しなければならない」（幼稚園教育要領第1章「総則」）とあるように，保育者は子どもたちが主体的に育つことができるような環境を計画的に構成することが求められている。その際，重要となるのは，保育者の計画的な環境構成が，一人ひとりの子どもに何が見えているのかを理解すること（＝子ども理解）に基づいて行われるということである。

　保育者は，子どもの主体的な育ちのプロセスを理解し，そのプロセスをより豊かにするためにどのような環境や関わりが必要であるのかを考え，次の保育を構想する。保育内容やカリキュラムは，「どのような子どもに育ってほしいか」「そのためにどのような保育を行うのか」という大人の視点からの計画・構想としての側面を持っているが，それと同時に「子どもには何が見えているのか」という子どもの視点から，絶えず作り出されるものとして捉えることができる。

1章　保育内容・カリキュラムの基本構造　　13

2節　保育におけるカリキュラム

　以上のように，保育内容やカリキュラムは，保育者が行う保育の指針であると同時に，子ども理解と密接に結びついたものである。ここからは，それを踏まえて，保育内容やカリキュラムについてより具体的に検討していく。

　まず，本節では保育におけるカリキュラムについて見ていこう。

1　カリキュラムのもとの意味

　カリキュラム（curriculum）という言葉は，一般に，学校で教える内容を時系列に沿って体系化した教育計画としてのイメージで受け止められることが多い。カリキュラムは，「走る」ことを意味するラテン語 currere（クッレレ：不定形）に由来する言葉で，もともとは陸上競技用の走路を意味するものであった。このことから，教育目標に向かって子どもが進む道のりとして，カリキュラムが理解されるようになったのである。

2　カリキュラムの類型

　それでは，保育におけるカリキュラムとはどのようなものとして捉えられるだろうか。

　カリキュラムは，学問的な知識や技能を系統的に配列・編成した「教科カリキュラム」と，子どもの興味・関心に基づいた経験を通して学ぶことを重視する「経験カリキュラム」の2つに大きく分けることができる。先に述べたように，保育では子どもの興味や関心による主体的な活動や遊びが大切にされていることから，保育におけるカリキュラムは，「経験カリキュラム」として捉えることができる。

3　教育課程・保育課程とは

　保育におけるカリキュラムの大きな枠組みは，幼稚園教育要領，保育所保育

指針，および幼保連携型認定こども園教育・保育要領に示されている。

そこでは，園で行う保育の全体像を示した計画を作成することが求められている。そのような計画は，幼稚園教育要領において「教育課程」と呼ばれ，次のようなものとして捉えられている。

幼稚園教育要領第1章「総則」第3「教育課程の役割と編成等」
　　1　教育課程の役割
　　　各幼稚園においては，教育基本法及び学校教育法その他の法令並びにこの幼稚園教育要領の示すところに従い，創意工夫を生かし，幼児の心身の発達と幼稚園及び地域の実態に即応した適切な教育課程を編成するものとする。

また，保育所では，このような計画は「保育課程」と呼ばれている。「保育課程」は，2008（平成20）年の保育所保育指針で盛り込まれた言葉であったが，平成29年に告示された新しい保育所保育指針では，「保育課程」ではなく，「全体的な計画」という言葉が使われている。

保育所保育指針第1章「総則」3「保育の計画及び評価」
　（1）全体的な計画の作成
　　ア　保育所は，1の（2）に示した保育の目標を達成するために，各保育所の保育の方針や目標に基づき，子どもの発達過程を踏まえて，保育の内容が組織的・計画的に構成され，保育所の生活の全体を通して，総合的に展開されるよう，全体的な計画を作成しなければならない。

幼稚園教育は，「義務教育及びその後の教育の基礎を培うものとして，幼児を保育し，幼児の健やかな成長のために適当な環境を与えて，その心身の発達を助長すること」（学校教育法第22条）を目的とするものであり，保育所保育

は「子どもが現在を最も良く生き，望ましい未来をつくり出す力の基礎を培う」（保育所保育指針第1章「総則」1（2））ために行われるものである。「教育課程」と「全体的な計画」は，ともに上記のような保育の目的・目標を達成するために作成される計画として捉えられている。

このような計画は，子どもや家庭の状況，園や地域の実態に即しながら作成されるものである。また，「教育課程」については，「教育課程の実施状況を評価してその改善を図っていくこと，教育課程の実施に必要な人的又は物的な体制を確保するとともにその改善を図っていくことなどを通して，教育課程に基づき組織的かつ計画的に各幼稚園の教育活動の質の向上を図っていくこと」（幼稚園教育要領第1章）が求められており，その実施状況を評価し，改善を行うことで，教育活動の質を高めていくという「カリキュラム・マネジメント」が重要視されている（図1-1）。

このように，教育課程や保育課程は，保育の目的・目標を踏まえ，その園でどのような保育を行うのかということを示す全体的な計画である。その計画は画一的なものではなく，それぞれの園で創意工夫しながら作成され，評価・改善されていくものとして捉えられている。

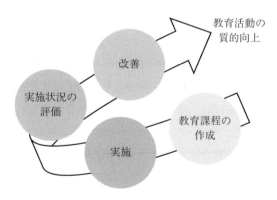

図1-1　カリキュラム・マネジメントのイメージ
（幼稚園教育要領第1章第3の1「教育課程の役割」をもとに筆者作成）

3節　保育内容の構造

1　保育内容とは

　保育内容は，普遍的なものではなく，その時代や社会において保育に何が求められるのかということによって変化していくものである。言い換えれば，その時代や社会を生きる大人が，子どもの育ちにどのような願いを持っているのかということを反映するものである。保育内容は，「遊び」や「生活」といった観点から捉えることも可能であるが，ここでは，実際の保育にどのような活動や経験を盛り込んでいくのかという視点から保育内容を捉える。すなわち，園生活の中で一人ひとりの子どもたちが主体的に育っていくために，どのような活動や経験が必要だと考えられているのかを具体的に表すものが，保育内容であるといえる。

　このような理解を踏まえながら，本節では，保育内容の構造について，幼稚園教育要領，保育所保育指針をもとに検討する。

2　幼稚園教育要領，保育所保育指針における保育内容

　幼稚園教育要領，保育所保育指針では，「ねらい」と「内容」という2つの視点から保育内容が構成されている。

a　ねらい

　「ねらい」は，保育の目標を具体化したものである。幼稚園教育要領では，「幼稚園教育において育みたい資質・能力を幼児の生活する姿から捉えたもの」（第2章「ねらい及び内容」）とされており，保育所保育指針においては，「保育の目標をより具体化したものであり，子どもが保育所において，安定した生活を送り，充実した活動ができるように，保育を通じて育みたい資質・能力を，子どもの生活する姿から捉えたもの」（第2章「保育の内容」）とされている（下線は筆者）。

　両者に共通しているのは，下線部の「育みたい資質・能力を幼児（子ども）

の生活する姿から捉えたもの」という記述であり，幼稚園教育要領，保育所保育指針における「ねらい」は，「育みたい資質・能力」という形で示されていることがわかる。

保育を通して「育みたい資質・能力」という考え方は，①知識及び技能の基礎，②思考力，判断力，表現力等の基礎，③学びに向かう力，人間性等を，生きる力の基礎を育むために一体的に育むように努めるものであるとされている。

b　内容

「内容」は，このような「ねらい」を達成するために必要な内容を示したものである。幼稚園教育要領では，「ねらいを達成するために指導する事項」（第2章「ねらい及び内容」）とされており，保育所保育指針では「『ねらい』を達成するために，子どもの生活やその状況に応じて保育士等が適切に行う事項と，保育士等が援助して子どもが環境に関わって経験する事項を示したもの」（第2章「保育の内容」）とされている。

幼稚園教育要領においては，保育者が指導する事項として捉えられているのに対して，保育所保育指針においては，保育者が行うことだけでなく，保育者の援助のもとで子どもが経験することも含めたものが，「内容」として捉えられていることに留意したい。

3　保育内容の構造——目標・ねらい・内容のつながり

以上のように，幼稚園教育要領，保育所保育指針においては，ともに子どもの生活する姿から捉えられた「育みたい資質・能力」が「ねらい」とされ，「ねらい」を達成するための事項が「内容」とされている。

幼稚園教育要領においては，幼児の発達の側面から，「健康」「人間関係」「環境」「言葉」「表現」という5つの「領域」（「5領域」①心身の健康に関する領域「健康」，②人との関わりに関する領域「人間関係」，③身近な環境との関わりに関する領域「環境」，④言葉の獲得に関する領域「言葉」，⑤感性と表現に関する領域「表現」）から保育内容（「ねらい」と「内容」）がまとめられており，保育所保育指針においても，1歳児以上の保育内容は，「5領域」にま

表1−1　目標・ねらい・内容のつながり

	幼稚園	保育所
目標	学校教育法第23条に定められた5領域に対応した目標	保育所保育指針 ・養護（生命の保持と情緒の安定）に関わる目標 ・5領域に対応した目標
ねらい	幼稚園教育において育みたい資質・能力を幼児の生活する姿から捉えたもの	・保育の目標をより具体化したもの ・子どもが保育所において，安定した生活を送り，充実した活動ができるように，保育を通じて育みたい資質・能力を，子どもの生活する姿から捉えたもの
内容	ねらいを達成するために指導する事項：幼児の発達の側面から，「健康」「人間関係」「環境」「言葉」「表現」の5領域としてまとめ，示されたもの	「ねらい」を達成するために， ・子どもの生活やその状況に応じて保育士等が適切に行う事項 ・保育士等が援助して子どもが環境に関わって経験する事項 ①養護に関わる「ねらい」及び「内容」 　・生命の保持 　・情緒の安定 ②保育内容（主に教育に関わる視点から示されたもの） 「健康」「人間関係」「環境」「言葉」「表現」の5領域としてまとめられる

とめられている。また，保育所保育指針では，これに加えて「養護に関わるねらい及び内容」が定められており，子どもの「生命の保持」と「情緒の安定」を図るために行う援助や関わりである「養護」と「教育」が一体的に展開されることが重要視されている。

　幼稚園教育と保育所保育におけるこのような「目標・ねらい・内容」のつながりを示したものが，表1−1である。

4節　これからの保育内容・カリキュラムに求められること

最後に，これからの保育内容・カリキュラムに何が求められているのかということに触れておきたい。

幼稚園教育要領の前文には，次のようなことが書かれている。

> これからの幼稚園には，学校教育の始まりとして，こうした教育の目的及び目標の達成を目指しつつ，一人一人の幼児が，将来，自分のよさや可能性を認識するとともに，あらゆる他者を価値のある存在として尊重し，多様な人々と協働しながら様々な社会的変化を乗り越え，豊かな人生を切り拓き，持続可能な社会の創り手となることができるようにするための基礎を培うことが求められる。

近年では，乳幼児期の保育と児童期以降の教育とのつながりが重視され，保育は「学校教育の始まり」として位置づけられている。そのような背景から，「育みたい資質・能力」や「幼児期の終わりまでに育ってほしい姿」という形で，保育でどのような力を子どもに育てるのかをより明確にすることが求められたといえる。また，世界的な視野に立てば，保育（Early Childhood Education and Care）は，これまでにないほど政策的な関心を集め，「生涯学習」の基盤としての保育の在り方が求められている（OECD編，2011）。

このように，時代や社会の求めるものを踏まえながら，保育を通して子どもにどのような力を育むのかということが問われるようになっている。このような課題を踏まえつつ，子どもの主体的な育ちを中心に置いた保育内容・カリキュラムのあり方を模索していくことが重要だといえるだろう。

参考文献

阿部和子・前原寛編　保育課程の研究──子ども主体の保育の実践を求めて　萌文

書林　2009

OECD 編著　星三和子・首藤美香子・大和洋子・一見真理子訳　OECD 保育白書
　　人生の始まりこそ力強く──乳幼児期の教育とケア（ECEC）の国際比較　明石
　　書店　2011

大宮勇雄　保育の質を高める── 21 世紀の保育観・保育条件・専門性　ひとなる書
　　房　2006

日本保育学会編　保育学講座③　保育のいとなみ──子ども理解と内容・方法　東
　　京大学出版会　2016

福本真由美編　はじめての子ども教育原理　有斐閣　2017 年

無藤隆・汐見稔幸・砂上史子　ここがポイント！3 法令ガイドブック──新しい「幼
　　稚園教育要領」「保育所保育指針」「幼保連携型認定こども園教育・保育要領」
　　の理解のために　フレーベル館　2017

2章　保育内容・カリキュラムの変遷

1節　戦前の幼児教育と保育内容

1　明治期の幼児教育

　わが国の近代学校制度は，1972（明治5）年に「学制」が発布されたことにより始まった。「学制」の中では，幼児のための教育施設に「幼稚小学」という名前がつけられていたが，何歳から入学するかなどの規程はなく，第22条に「幼稚小学ハ男女ノ子弟六歳迄ノモノ小学ニ入ル前ノ端緒ヲ教ルナリ」と書かれているだけであった。しかも，この規程に基づく「幼稚小学」は存在していなかった。

　小学校以前の幼児教育施設としては，1875（明治8）年に，京都府船井郡の龍正寺に「幼稚院」が開設され，住職が教師となって幼児にイロハ四十七文字，

※写真と本文の内容は直接的には関係ありません。

単語図などを教えていたという。また同年，上京第30区小学校（後の柳池尋常小学校，柳池中学校を経て現在は京都市立京都御池中学校）に幼児保育のための「幼児遊嬉場」が開設されたが，いずれも「学制」によって規定された幼稚小学とは関係のないものだった。

日本における幼児教育機関は，1876（明治9）年に設立された東京女子師範学校附属幼稚園を嚆矢とするとされている。幼稚園には監事（現在の園長）と主席保姆，保姆が置かれ，保育内容は，「附属幼稚園規則」によれば，物品科（幼児の日常生活に身近な物の名前や性質を教える），美麗科（美しい色彩のものに触れて感性を養う），知識科（知識を啓発する）の3科で，その大半はフレーベルの恩物（20遊戯）[注1] を使った遊戯が中心であった。

当時，幼稚園に通っていたのは華族や官僚の子女など上流階級の子どもたちが中心であった。他方貧しい家庭が多い農村部では，子どもは貴重な労働力とみなされたため，幼稚園はもちろん小学校にも就学させられない家庭も多かった。そのような状況の中で，保育所の前身となる託児所が作られるようになった。

日本人によって最初に開設された託児所は「新潟静修学校附属託児所」であり，赤沢鍾美，ナカ夫妻が1890（明治23）年に自らの私塾内に置いたものである。1908（明治41）年には「守孤扶独幼稚児保護会」と改称し，わが国における保育事業の礎を築いた。現在は社会福祉法人守孤扶独幼稚児保護会「赤沢保育園」として受け継がれている。

同じ1890（明治23）年には，筧雄平が鳥取県の農村で農繁期託児所を開いている。田植えや収穫期に農作業に追われる両親に代わって，子どもを安全に保育する期間限定の保育所である。こうした季節託児所は，その後各地で開設された。

明治期後半には，都市のスラム街の貧困問題に取り組むため，貧しい子どもたちの幼稚園を設立しようというクリスチャンによる慈善事業が広がった。その中の一つに，1900（明治33）年に東京麹町に設立された「二葉幼稚園」がある。当時，華族女学校附属幼稚園に勤めていた野口幽香と森島美根（峰）が，

貧民層の子どもに適切な保育の場を提供したいと考えて開園したものである。ここでは，知識や技能を教え込む保育ではなく，子どもの生活や興味を重視する保育が行われた。1906（明治39）年には多くの貧民が暮らす四谷鮫ヶ橋に移転し，1916（大正5）年には乳児保育や長時間保育を合法的に行うため「二葉保育園」と改称した。これがわが国最初の保育園となる。

　明治30年代に入り幼稚園の数が増加するにつれて，幼稚園を制度化して明確な位置づけを望む声が高まった。文部省は1899（明治32）年に，幼稚園の編成，組織，保育項目について規定した「幼稚園保育及設備規程」を公布した。これには，「幼稚園ハ満三歳ヨリ小学校ニ就学スルマデノ幼児ヲ保育スル所トス」（第1条）と入学年齢の規定があり，保育内容については「遊嬉，唱歌，談話及手技」の4つと定められていた。

　遊嬉には，随意遊嬉と共同遊嬉とがあり，各個人が行う運動が随意遊嬉，歌曲に合わせて運動させるのが共同遊嬉と規定された。また手技は，幼稚園恩物を用いて手や目を訓練し，心意発育を図ることを目標とした。

　これらの内容を「一日五時」間以内にするようにと規定されていることから，時間割が決められ上記4つの内容を教え込むという保育形態が取られていたと思われる。

　その後1926（大正15）年に，「幼稚園令」と「幼稚園令施行規則」が定められたが，「幼稚園ノ保育項目ハ遊戯，唱歌，観察，談話及手技トス」と，観察が付け加えられただけで，保育者の創意が幾分認められていたとはいえ，教育する側の枠を子どもに当てはめるという発想で保育が行われていたと推察される。

2　大正自由教育と子ども中心の保育

　大正期には，エレン・ケイの『児童の世紀』やローマの「子どもの家」で実践されたモンテッソーリ・メソッド，デューイの児童中心主義の影響を受け，子どもを中心に据える保育・教育が提唱された。

　例えば東基吉（1872〜1958）は，1896（明治29）年に東京女子高等師範学

校附属幼稚園批評係に就任後，西洋の保育法をそのまま直訳して伝えるのではなく，子どもにとってわかりやすく，歌いたくなるような楽しい歌が必要であると考え，妻くめと滝廉太郎の協力を得て，「鳩ぽっぽ」や「お正月」など，今も歌い継がれる唱歌を世に送り出した。彼の保育法は『幼稚園保育法』（1904）として結実し，児童中心主義保育の先駆けとなった。

　明石女子師範学校附属幼稚園の主事でもあった及川平治（1875 ～ 1939）は，「八大教育主張講演会」で「動的教育論」を主張し，戸外遊びや園外散歩などを中心とした子どもが主体的に活動する保育カリキュラムを提唱した。

　橋詰良一（1871 ～ 1934）は，大阪北部地域で「家なき幼稚園」を展開し，園舎を持たず，淀川などの豊かな自然の中で，自然に親しみながら子どもを育てようとした実践を行った。

　さらに 1917（大正 6）年に，東京女子高等師範学校附属幼稚園の主事となった倉橋惣三は，子ども中心の保育を提唱し，自らの実践を『幼稚園保育法真諦』（1934）として公表した。この中で提唱された「誘導保育法」は，子どもの「あるがままの生活」を大切にし，そこに教育をもっていくという方法で，以下の 4 段階で示された。

1. 自己充実……整った環境の中で自由に遊ぶことを通して，自らの生活を満喫し，自己充実を味わう
2. 充実指導……子どもの自己充実を深めるために，保育者が援助指導する
3. 誘導……ややもすると断片的になりやすい子どもの生活や遊びを，系統的に指導することによって生活をより豊かに発展させる
4. 教導……保育のまとめ

　また同じ頃，奈良女子師範学校附属幼稚園主事であった森川正雄は，先に記したように，当時の保育内容が「遊嬉，唱歌，談話及手技」と定められていたにもかかわらず，「観察と図画」を加えて保育実践を行っていた。森川にとって子どもの自発的自己活動こそが保育の「真髄」であったからである。これが後の「幼稚園令施行規則」に「観察」が追加された理由だと思われる。

2節　戦後の幼児教育と保育内容

　1947（昭和22）年に公布された学校教育法において，幼稚園はその第1条に規定される学校体系に位置づけられ，学校教育機関に属することとなった。さらに同年の児童福祉法の制定により，幼稚園と補完的役割を果たしていた託児所が，児童福祉施設として位置づけられて「保育所」となった。戦後しばらくは，幼稚園と保育所との関係が定まらず，1948（昭和23）年に文部省によって出された「保育要領」が，幼稚園と保育所の両方を対象とした教育課程として採用されていた。

　この保育要領では，「まえがき」に，「幼児のためには，その特質にあった適切な教育計画がたてられ，適当な方法を持って注意深く実行されることが必要である」と記され，幼児期の保育内容が学齢期と異なっているべきことや，「人の一生における幼児期の重要性，ことにその性格の発達におけるかけがえのない意義」があるとの認識が示されていた。

　さらに幼児の生活指導を，（1）身体の発育，（2）知的発達，（3）情緒的発達，（4）社会的発達の4つの観点から総合的に捉える必要性を指摘していた。

　保育内容については，その副題を「楽しい幼児の経験」とし，それまでの「遊戯，唱歌，観察，談話，手技」から，（1）見学，（2）リズム，（3）休息，（4）自由遊び，（5）音楽，（6）お話，（7），絵画，（8）製作，（9）自然観察，（10）ごっこ遊び・劇遊び・人形芝居，（11）健康保育，（12）年中行事に改められた。

　後にこの保育要領は，「幼稚園教育要領」へと改訂されることになる。保育要領が教育すべき保育内容を中心としていた点を修正し，保育内容となるべきは幼児の生活全般におよぶ広い範囲の経験であることを明確にし，教育目標を達成するのに有効な経験，しかも楽しい経験であることは望ましいが，幼児の発達の特性を踏まえ，目標に対して具体的な指導のねらいを明確に設定し，適切な経験を選ぶ必要があるとした。保育内容も12項目から「6領域」へと変

更された。

1956（昭和31）年には，全面的に改訂された幼稚園教育要領が施行された。「6領域」とは，健康，社会，自然，言語，音楽・リズム，絵画製作であり，領域ごとに幼児が幼稚園生活で経験する活動や内容，ねらいが示された。

1964（昭和39）年には，他の学校段階の「学習指導要領」と連携して幼稚園教育要領が改訂されたが，これは1989（平成元）年の改訂まで25年にわたって幼稚園教育課程の基準となった。

1989（平成元）年と1998（平成10）年，2008（平成20）年の改訂では，これまでの6領域を5領域（健康，人間関係，環境，言葉，表現）に改め，領域が教科とは異なることをいっそう明確にした。また，幼児教育の基本として，「幼児期の特性を踏まえ，環境を通して行う」ことや，「幼児の自発的な活動としての遊びは，心身の調和のとれた発達の基礎を培う重要な学習であることを考慮して，遊びを通しての指導を中心として」行うことなどは変わっていない。

一方，児童福祉施設としての保育所については，1948（昭和23）年に厚生省令として出された「児童福祉施設最低基準」第35条に「保育の内容」があり，「保育所における保育内容は，健康状態の観察，服装等の異常の有無についての検査，自由遊び及び昼寝のほか，……健康診断を含むものとする」となっている。「自由遊び」については，「音楽，リズム，絵画制作，お話，自然観察，社会観察，集団遊びを含むものとする」とされていた。

その後，多くの幼児が就学前に保育所に在所するようになり，保育所での教育的側面と幼稚園教育とがどのように関わるのかが問題になった。そこで当時の文部省と厚生省は，1963（昭和38）年に両省連名の通知を出し，保育所の3歳以上の保育内容は「幼稚園教育要領に準ずることが望ましい」とされた。

1965（昭和40）年，厚生省児童家庭局は「児童福祉施設最低基準」第35条の規定に基づいて「保育所保育指針」を出したが，3歳では「健康，社会，言語，遊び」の4領域であるが，4歳から6歳までは幼稚園教育要領に準じて「健康，社会，自然，言語，音楽，造形」の6領域構成になっている。

1990（平成2）年に改訂された保育所保育指針では，3歳から6歳までの保

育内容が，心情，意欲，態度を育てる目標群として「健康，人間関係，環境，言葉，表現」の5領域構成に改められた。保育方法としては，「幼稚園教育要領」にならい，保育士中心の保育から子どもの主体性を重視する保育，環境による総合的な保育への転換が目指された。

1998（平成10）年には幼稚園教育要領が改訂され，翌1999（平成11）年には保育所保育指針が改定された。幼保一元化の観点から，3歳以上の幼児の保育については整合性が保たれるように文部科学省と厚生労働省とが調整を図った。保育所保育指針では，保育士の専門性を高めることやさまざまな保育ニーズへの対応，アトピー対策や乳幼児突然死症候群（SIDS）の予防，虐待への対応などが追記され，地域の子育て支援を行うことも明記された。

2008（平成20）年には厚生労働大臣の「告示」となり，法的拘束力をもった指針として「改定」が行われ，5領域構成は踏襲されたが，内容は13章立てから7章立てへと大綱化された。各保育所がそれぞれの特色を生かし，「創意工夫」を図っていくことが目指された。

3節　平成29年告示「保育所保育指針」までの流れ

1　児童福祉法の改正

1947（昭和22）年に，学校教育法とともに児童福祉法の改正が行われた。児童福祉法第1章総則第1条には，「すべて国民は，児童が心身ともに健やかに生まれ，且つ，育成されるように努めなければならない。すべての児童は，ひとしくその生活を保障され，愛護されなければならない」とその理念が記されていた。

また保育所については，同法第39条に「保育所は，日日保護者の委託を受けて，保育に欠けるその乳児又は幼児を保育することを目的とする施設とする」と記されていた（下線は筆者，以下同様）。

2 「保育に欠ける」から「保育を必要とする」へ

　児童福祉法はこれまで 50 次以上の改正を経てきたが，2015（平成 27）年4 月施行の改正では，第 39 条に「保育所は，保育を必要とする乳児・幼児を日々保護者の下から通わせて保育を行うことを目的とする施設（利用定員が20 人以上であるものに限り，幼保連携型認定こども園を除く）」とされ，「特に必要があるときは，保育を必要とするその他の児童を日々保護者の下から通わせて保育することができる」と改められた。

　また第 39 条の二が追加されて，「幼保連携型認定こども園は，義務教育及びその後の教育の基礎を培うものとしての満三歳以上の幼児に対する教育（教育基本法第六条第一項に規定する法律に定める学校に置いて行われる教育をいう。）及び保育を必要とする乳児・幼児に対する保育を一体的に行い，これらの乳児又は幼児の健やかな成長が図られるよう適当な環境を与えて，その心身の発達を助長することを目的とする施設とする」と，幼保連携型認定こども園の定義も行われた。同時に，「児童福祉施設」に「幼保連携型認定こども園」が追加された。これに伴い，児童福祉法に定める「児童福祉施設」は，助産施設，乳児院，母子生活支援施設，保育所，幼保連携型認定こども園，児童厚生施設，児童養護施設，障害児入所施設，児童発達支援センター，情緒障害児短期治療施設，児童自立支援施設，児童家庭支援センターの 12 施設となった。

　2014（平成 26）年 4 月には，「幼保連携型認定こども園教育・保育要領」が告示され，2015（平成 27）年 4 月から施行された。また同年 4 月には，「子ども・子育て支援新制度」が施行されている。

　さらに 2016（平成 28）年 6 月施行の児童福祉法改正は，70 年近く改正されていなかった法の理念を見直した大改正であった。まず第 1 章総則第 1 条には，「全て児童は，児童の権利に関する条約の精神にのっとり，適切に養育されること，その生活を保障されること，愛され，保護されること，その心身の健やかな成長及び発達並びにその自立が図られることその他の福祉を等しく保障される権利を有する」と明記され，かつての「愛護」の対象から「権利」の主体へと転換がなされた。

第2条においても，「全て国民は，児童が良好な環境において生まれ，かつ，社会のあらゆる分野において，児童の年齢及び発達の程度に応じて，その意見が尊重され，その最善の利益が優先して考慮され，心身ともに健やかに育成されるよう努めなければならない」と，児童の権利条約の趣旨に沿ったものとなっている。

次に第3条の2では，「国及び地方公共団体は，児童が家庭において心身ともに健やかに養育されるよう，児童の保護者を支援しなければならない。ただし，児童及びその保護者の心身の状態，これらの者の置かれている環境その他の状況を勘案し，児童を家庭において養育することが困難であり又は適当でない場合にあっては児童ができる限り良好な家庭的環境において養育されるよう，必要な措置を講じなければならない」と，児童の福祉を保障するための原理が明確にされた。

3　保育所保育指針の改定の方向性

保育所保育指針の改定に当たった社会保障審議会児童部会専門委員会は，「保育所保育指針の改定に関する議論の取りまとめ」（平成28年12月）の中で，以下の5点を「改定の方向性」としてあげている。

（1）乳児・1歳以上3歳未満児の保育に関する記載の充実

平成20年改定の保育所保育指針では，「保育の内容」の章がすべての年齢を通じた共通の記載となっているが，新保育所保育指針の「保育の内容」の章では，乳児・1歳以上3歳未満児の保育内容について，3歳児以上とは別に項目を設けて記載されている。

この理由について，乳児から2歳児までが「他者と関わりを初めて持ち，その中で自我が形成されるなど，子どもの心身の発達にとって極めて重要な時期である」ことや，「1, 2歳児の保育所の利用率の増加」（平成20年度は27.6%，平成27年度は38.1%）に加えて，「社会情動的スキルや非認知能力スキルにおける3歳未満児の保育の重要性」を挙げている。これは1960年代以降ハイスコープ教育財団が行っている「ペリー就学前教育プロジェクト」が，質の高い

幼児教育によって本来ならば学業不振に陥る可能性があった子どもたちの人生をより良くすることができることを実証したことに影響を受けている。特にこの研究は，自尊心や自己統制，忍耐力などの非認知スキルに影響を与え，学業や仕事，社会的行動面でも肯定的な結果をもたらすことを明らかにした。

　それゆえ保育所保育指針でも，子どもとの基本的信頼の形成や学びの支援などを念頭に，子どもの生活や遊びの充実をはかることが目指されている。

(2) 保育所保育における幼児教育の積極的な位置づけ

　保育所保育における教育については，これまで「5領域」に沿って幼稚園教育要領の教育内容との整合性が図られてきた。基本的にはこれらの方針は踏襲されている。例えば，乳幼児期は，生活の中で，自発的，主体的に環境と関わりながら，生涯にわたる人格形成の基礎を築いていく時期であるため，適切な環境を整えて教育することや，主体的な遊びを中心とした活動の時間の設定を行うなど，養護および教育を一体的に行ってきた。

　一方で，「社会状況の変化による幼児の生活体験の不足や基本的な技能が身についていないとの指摘」や，「小学校の教育課程との接続も十分であるとは言えないという指摘」もなされ，2016（平成28）年12月の中教審答申では，「幼児教育において育みたい資質・能力」として，「知識及び技能の基礎」「思考力，判断力，表現力等の基礎」「学びに向かう力，人間性等」の3つの柱に整理された。保育所保育においても，「健康，人間関係，環境，言葉，表現」の5領域の教育内容を踏まえ，子どもたちの自発的な活動である遊びや生活の中で，これらの資質・能力を一体的に育んでいくことが目指されている。

　さらに小学校との接続に関しては，2010（平成22年）に取りまとめられた「幼児期の教育と小学校教育の円滑な接続の在り方について（報告）」（文部科学省）を踏まえた「幼児期の終わりまでに育ってほしい姿」（健康な心と体，自立心，協同性，道徳性・規範意識の芽生え，社会生活との関わり，思考力の芽生え，自然との関わり・生命尊重，数量や図形，標識や文字などへの関心・感覚，言葉による伝え合い，豊かな感性と表現）を念頭に置き，卒園後の学びへの接続を意識しながら，5歳児後半の幼児の主体的で協同的な活動の充実を，

より意識的に図っていくことが目指されている。

「保育所児童保育要録」についても、「幼保連携型認定こども園園児指導要録」や「幼稚園幼児指導要録」との整合性が図られているが、子どもの成長の評価記録においては、他の幼児との比較や一定の基準に対する達成度についての評価ではなく、一人ひとりの子どもの良さや学びの状況等を捉えて行う必要がある。

(3) 子どもの育ちをめぐる環境の変化を踏まえた健康及び安全の記載の見直し

感染経験が少なく、体力・免疫力ともに十分でない乳幼児にとって、保育所は初めての集団生活の場となることから、「感染症に対する備え」が必要である。厚生労働省は、2012（平成24）年に「保育所における感染症対策ガイドライン」を改訂し、平成20年告示の保育所保育指針と一体的に運用してきた。平成29年告示の保育所保育指針の改定に当たって、記載の見直しが図られた。関係機関との連携を強化し、組織的に子どもの健康支援の強化を図るため看護師等の配置を進めることが引き続き求められる。

「乳幼児突然死症候群（SIDS）」に関する正しい知識や、安全な午睡環境を確保するための配慮について、保育士間で共有することも大切である。

2012（平成24）年に「保育所における食事の提供ガイドライン」が出され、さらに平成28年3月に決定された「第3次食育推進基本計画」も踏まえて、「食育」に関する記載も充実した。

2011（平成23）年には「保育所におけるアレルギー対応ガイドライン」が出されているが、「食物アレルギー」のリスクを踏まえた対応と正しい知識・理解を職員全員が共有することが大切である。

2016（平成28）年には「教育・保育施設等における事故防止及び事故発生時の対応のためのガイドライン」が策定され、保育所保育指針と合わせて参考にすることが求められる。

(4) 保護者・家庭及び地域と連携した子育て支援の必要性

核家族化、少子化、都市化などの社会変化に伴い、「育児についての見聞や経験が少なくなっているとともに、近隣に相談相手がなく孤立しているなど

育児に悩む保護者が増加」している。保育所保育指針では，平成 20 年度より
「保護者に対する子育て支援」に関する章が追加されたが，平成 29 年告示の改
定ではより積極的な保護者支援の記載になっている。特に「保護者と連携して
子どもの育ちを支える」という視点をもって，子どもの育ちを保護者とともに
喜び合うことを重視するとともに，保護者の養育する姿勢や力が伸びていくよ
うな，保護者自身の主体性，自己決定を尊重した支援を行うことが目指されて
いる。

　また，外国籍家庭など「特別な配慮を必要とする家庭」にも，個別の支援を
行うことが必要とされた。

　「児童虐待対策」については，社会保障審議会児童部会が平成 27 年 8 月に
「児童虐待防止対策のあり方に関する専門委員会報告書」を出し，さらに平成
28 年 3 月には「新たな子ども家庭福祉のあり方に関する専門委員会報告（提
言）」を出した。同年児童福祉法が改正され，児童虐待防止法もそれに伴い改
正されて，「児童虐待の発生予防」や「児童虐待発生時の迅速・的確な対応」
が求められており，保育所としても今後も関係機関と連携し，適切に対応して
いく必要がある。

（5）職員の資質・専門性の向上

　これまで述べてきたように，子どもや子育てを取り巻く環境が変化する中で，
保育所に求められる支援機能は多様化，複雑化してきている。それに伴って，
「保育士に求められる資質」もより幅広く，高度化・専門化してきている。職
務内容に応じた専門性の向上を図るための研修機会の充実が必要である。

　新保育所保育指針では，「保育の質の向上に向けた組織的な取組」として，
「保育の内容等に関する自己評価等を通じて把握した，保育の質の向上に向け
た課題に組織的に対応するため，保育内容の改善や保育士等の役割分担の見直
し等に取り組むとともに，それぞれの職位や職務内容に応じて，各職員が必要
な知識及び技能を身につけられるよう努めなければならない」と書かれている。

　これは「幼稚園教育要領」で示されている「カリキュラム・マネジメント」
の考え方を示したものであり，保育所においても PDCA サイクルで物事に取

り組み，自己点検・自己評価を組織的にかつ継続的に行うことの必要性を示しているものだと言えよう。

　幼稚園や学校等は，幼稚園教育要領，学習指導要領等を受け止めつつ，「子どもたちの姿や地域の実情を踏まえて」，各学校・園が設定する教育目標を実現するために，幼稚園教育要領，学習指導要領等に基づき教育課程を編成し，それを「実施・評価し改善していく」ことが求められる。これがいわゆる「カリキュラム・マネジメント」である。

　「幼児教育におけるカリキュラム・マネジメント」については，平成28年12月の中教審答申「幼稚園，小学校，中学校，高等学校，特別支援学校の学習指導要領等の改善及び必要な方策について」において，幼稚園等において以下の3つの側面からカリキュラム・マネジメントをとらえる必要があるとしている。

① 　各領域のねらいを相互に関連させ，「幼児期の終わりまでに育ってほしい姿」や小学校の学びを念頭に置きながら，幼児の調和のとれた発達を目指し，幼稚園等の教育目標を踏まえた総合的な視点で，その目標の達成のために必要な具体的なねらいや内容を組織すること。

② 　教育内容の質の向上に向けて，幼児の姿や就学後の状況，家庭や地域の現状等に基づき，教育課程を編成し，実施し，評価して改善を図る一連のPDCAサイクルを確立すること。

③ 　教育内容と，教育活動に必要な人的・物的資源等を，家庭や地域の外部の資源も含めて活用しながら効果的に組み合わせること。

　各幼稚園・保育所等においては，上記の3側面を十分に意識しながら，幼児の実態にあった最も適切な保育内容を編成し，保護者や地域の人々を巻き込みながらこれを実施し，改善・充実を図っていくことが求められるであろう。

注1　フレーベルが子どもの自発的な遊びを引き出すために考案した遊具。第1恩物から第20恩物まであり，球や立方体などの積み木のほか，さまざまな色の色板や棒，環，粒，折り紙などがある。

参考文献

岡田正章監修　大正・昭和保育文献集　日本らいぶらり　1978
上笙一郎・山崎朋子著　日本の幼稚園――幼児教育の歴史　筑摩書房　1994
倉橋惣三　倉橋惣三選集　フレーベル館　1965
厚生労働省　保育所保育指針　2017
ダックワース，A. 著　神崎朗子訳　やり抜く力 GRIT ――人生のあらゆる成功を決
　　める「究極の能力」を身につける　ダイヤモンド社　2016
内閣府・文部科学省・厚生労働省　幼保連携型認定こども園教育・保育要領　2017
日本保育学会編　保育学講座 1　東京大学出版会　2016
ヘックマン，J. 著　古草秀子訳　幼児教育の経済学　東洋経済新報社　2015
水田聖一「森川正雄の幼児教育課程論」　羽衣国際大学人間生活学部研究紀要第 8 巻
　　　羽衣国際大学　2013
文部科学省　幼稚園教育要領　2017

3章　世界の保育カリキュラム

　現在，わが国では，厚生労働省管轄の保育所，文部科学省管轄の幼稚園，さらに両省と内閣府が統括する認定こども園という制度的に異なる3つの就学前施設が存在している。そして，それぞれの施設の特性に応じて，日本には保育所保育指針，幼稚園教育要領，幼保連携型認定こども園教育・保育要領という3つの指針・要領が存在している。このように日本では，複数の省庁による就学前施設があり，それぞれにガイドラインが存在しているのである。
　しかしながら，世界に目を向けてみると，教育省に一元化している国もあれば，国ごとにナショナル・カリキュラムやナショナル・ガイドライン，スタンダードなどを策定している国々がある。特に，1990年代後半から2000年代にかけて，世界的に就学前カリキュラムの改革が行われてきた。本章ではその一部を紹介していくことにしよう。

※写真と本文の内容は直接的には関係ありません。

1節　世界の保育カリキュラムの2つの傾向

　OECD の報告書である Starting Strong Ⅱ によれば，世界の保育カリキュラムは2つのタイプに分類することができる。一つめがアメリカをはじめとする就学準備型カリキュラムであり，二つめは北欧諸国の生活基盤型カリキュラムである（表3－1）。

　就学準備型カリキュラムの特徴は，認知発達を核として知識やスキルの獲得に焦点を当てている点にある。読み書き算数をはじめ，その内容や教育方法は，通常は保育者中心でアカデミックなアプローチを採用している。また小学校への接続が大きな課題となっている。

　生活基盤型カリキュラムの特徴は，乳幼児期を生涯発達という長期的なスパンからみたスタート段階として位置づけ，子どもの発達課題だけではなく，子どもの生活や家族への支援を含む包括的な点にある。また，その内容や方法は，教育だけではなく，養護や保護といった概念も含んだものである。

　もちろん，このような二極分化したカリキュラムは便宜上のものであり，どちらが良い悪いといった議論をすべきものではない。それぞれのカリキュラムの「学びの領域」の具体的な内容や保育方法について議論を深めていくことの方が重要だろう。

　OECD は，質の高い保育を考える上で参考となる世界の保育カリキュラムについての報告書「5つのカリキュラムの概要（Five Curriculum Outlines）」（OECD，2004）をまとめている。具体的には，「経験による教育（ベルギー）」「ハイスコープ（アメリカ）」「レッジョ・エミリア（イタリア）」「テ・ファリキ（ニュージーランド）」「スウェーデンカリキュラム（スウェーデン）」である。次節以降では，この5つのカリキュラムの概要を整理しつつ，それぞれの特徴を学んでいこう。

3章　世界の保育カリキュラム　37

表3−1　伝統的な2つのカリキュラムの特徴
（泉千勢編『なぜ世界の幼児教育・保育を学ぶのか』ミネルヴァ書房，2017）

	就学準備（アカデミック）型	生活基盤（ホリスティック）型
子ども観	未来の生産性の高い知識労働者への投資，学校レディネスに焦点化	権利の主体としての子ども，自分自身の学びの方略を持った有能な子ども
保育施設	個人の要求に基づいたサービス。定められたレベルに到達することを期待	公共のサービス。子どもの発達と学びを援助し民主的な価値ある経験を提供
カリキュラム開発	目標と成果を詳細に定めた国のカリキュラム。標準化された方法で教師により実行	枠組みを規定。詳細化と実行は自治体と施設に任され，責任は職員が連帯して負う
プログラムの焦点	就学準備に役立つ領域。主に教師主導。詳細なカリキュラム目標を達成する必要がある	子どもと家族とともに広く学ぶことを焦点化。施設での生活の質に重点を置く
教育の方略	国のカリキュラムは正しく実行すること。個人の自律と自己調整に力点が置かれる	国のカリキュラムはテーマやプロジェクト選択のガイド。子どもの方略に信頼を置く
言葉，読み書き	識字重視。読みの前段階の知識・技術等の基準がつくられる	母語の個人的能力への焦点化が重要。「子どもたちの100の言葉」を重視
子どもの目標	マニュアル化された達成目標がすべての施設で設定されている	広くゆるやかな方向づけ。達成目標ではなく努力目標である
室内屋外空間	室内が第一の学習空間で，室内の資源に焦点が当てられる	室内も屋外も同等に教育的に重要。環境とその保護は重要なテーマである
評価	小学校入学時に，学習の成果と評価が要求される。個人評価は教師の役割	型通りの形式的評価は不要。親・子どもの話し合いで発達目標を設定
質の管理	明確な目標，査定により実施。施設の評価は標準化検査が使用される	参加型。教師とチームの責任で実施。成果の質はドキュメンテーションで使用

2節　ベルギーの「経験による教育」

　ベルギーの「経験による教育（オランダ語：Ervarings Gericht Onderwijs）」
カリキュラムはリューベン大学のプロジェクトとして開始されたものであり，
そのカリキュラムは子どもの経験の質を評価できるものとして注目を集めてい
る。

　「経験による教育」は，3つの柱で構成されている。1つ目の柱は，自由主義
である。子どもが主体となって世界を探索する主体として子どもを捉える。そ
のために子どもの選択を優先し，子どもの興味・関心や子どものニーズに応え
るのである。2つ目の柱は，豊かな環境である。自然な環境だけではなく，保
育者や周囲の大人が巧みに編成した挑戦的な活動を可能する。その際，保育者
は監督者でありオブザーバーである。3つ目の柱は，経験的な対話である。保
育者と子どもとのより良い関係が保育のベースとなる。経験的な対話を通して，
子どもは受容され信頼感と共感をもって保育者とそして世界とつながることが
可能となる。

　また，「経験による教育」は，子どもの活動を促す以下の5つの要素で構成
されている。

- ・良い雰囲気と関係性：子どもが安心して生活できるか否か。子どもの家庭
　状況を考慮しつつ子どもと関わる。
- ・適切なレベル：子どもが課題に挑戦できるようなレベルを用意する。保育
　者は活動中の子どもの発達を踏まえることが重要となる。
- ・環境へのアクセス：直接経験を重視している。子どもの環境との関わりを
　研究し，学ぶために適切な環境となっているか検討する。
- ・多様な活動：ただ座って聞いているのではなく，さまざまな物事をやって
　みることが保障されていること。ただし，多忙になることを意味している
　わけではない。
- ・選択の余地：子どもたちが選択する機会を設けること。保育者は子どもが

主導できるような機会とスペースを提供する。

「経験による教育」で最も注目されるのは，いかなる教育環境においても，子どもの経験の質を2つの基準によって評価可能であるとしている点である。それは，「安心（well-being）」と「夢中（involvement）」という2つの基準である。この2つの度合いによって，子どもの経験の過程の質を読み取ろうとするのである。安心度とは，どれだけ心地よく過ごしているのかという子どもの居場所感を捉える視点であり，夢中度とは，子どもがどれくらい活動に没頭しているのかを捉える視点である。それぞれ保育者が場面ごとに，安心度と無中度を5段階で評定する。さらに，それをもとに園内カンファレンスを実施して，なぜその安心度だったのかをさまざまな視野から検討していくのである。

このように，ベルギーの「経験による教育」は，子どもが主体的な活動の中での経験を重要視するカリキュラムといえる。また，その評価は，経験の成果ではなく，経験の質をプロセスで評価しようとするものである。

3節　アメリカの「ハイスコープカリキュラム」

ハイスコープ（High/Scope）カリキュラムの歴史は古い。1960年代，アメリカで実施されたペイリー就学前プログラムとして実施された。この調査研究は，小学校へ入る前のスタートラインを揃えることが後の犯罪抑制や社会発展に資する，という考えが基礎となった乳幼児教育政策であるヘッドスタート計画の一環として開発されたものである。

ハイスコープカリキュラムの根底にあるのは，ピアジェの発達理論をベースにした「積極的な学習者」という子ども観である。子どもは，自ら計画，実行，再考することを通して最もよく学習すると考えているのである。その際，保育者の役割は以下の3点である。第一に，適切に遊びを観察し援助すること。第二に，子どもの活動を誘発するような環境を構成すること。第三に，子どもの計画を広げ，思考を援助するために活動に参加する。このような指導を通して，

子どもが選択，問題解決をできるよう励ます役割を保育者は担っている。

ハイスコープカリキュラムは，その構成要素となる「鍵となる経験（key experiences）」として以下の5つを挙げている。

1）創造的な表現：線を引く，絵を描く，役を演じる，何かを設計する
2）言語と読み書き能力：意味ある経験を話す，記述する，書く，言葉を楽しむ
3）主導性と社会的関係：計画を立てる，決断する，遊びの中の問題解決をする，他者に配慮する
4）運動と音楽：一定のビートを感じ表現する，さまざまな動きをする，対象を用いて運動をする，メロディーを身につける
5）論理的な推論：分類する，物事の類似点・相違点・属性を探求し記述する，比較する，並び替えて整理する，空間を意識する

これら5つの「鍵となる経験」のカテゴリーは，学習という営みと同時に学習内容を示している。ハイスコープカリキュラムの特徴は，子どもたち自身が日課を選択するという点である。子どもたちは，保育者とともにその日の活動内容を選択し，計画を立てる。そして，実際に活動して何を行ったのか，何を発見したのかを保育者や友だちと話し合う。このような「計画−行動−反省」の連続性が組み込まれているのが，ハイスコープの大きな特徴の一つである。

ハイスコープにおける保育環境は，子どもの積極的な学習を促すために配慮されている。基本的に保育室がいくつかのエリアによって区分されており，コーナーやエリアによって活動内容が決まっている。ブロック遊び，アート活動，ままごとコーナー等によって，それぞれの場所に活動に必要なものが準備されている。子どもたちは遊びたい活動によって，その場所に行き遊びを展開していく。

ハイスコープカリキュラムは認知的能力やスキルを重視しているものの，幼児に直接的に文字を教えたり，ドリル活動をさせているわけではない。保育者は，「広い意味での言葉（broad language）」や「論理的な能力（logical abilities）」を発達させるための体験や教材を用意する。絵本や描画などの保育

活動を通して養われる「広い意味での言葉」や「論理的な能力」は，学校教育での学習の基礎となると考えられている。もちろん，保育者は活字に触れる環境を探し，筆記用具を用いる作業などを組み入れる。また，意識的に数や量を比較させたり，時計などを意識させながら数への関心を高めたりする。このように，ハイスコープカリキュラムでは，保育者の保育方略ストラテジーも重要な要素となっているのである。

　以上のように，ハイスコープカリキュラムでは，言葉，読み書き能力，数といった認知的なスキルの育成に重点が置かれている。ただし，その方法論は，教師による一方的な指導とは異なり，また，子ども自身が活動を選択し，保育者自身も意識しながら子どもたちの体験が学習機会となるよう配慮されている。

4節　イタリアの「レッジョ・エミリア」

　レッジョ・エミリアの幼児教育実践は，1991年にニューズウィーク誌に取り上げられた，世界で最も注目される教育実践の一つである。イタリア北部にある小さなレッジョ・エミリア市の実践が注目される理由は，その独自のカリキュラムと協同する実践共同体の存在が挙げられる。

　レッジョ・エミリアの実践の背景として重要なことは，その地域の役割である。学校共同体（コミュニティ）には，自治体，教師・保育者，ペダゴジスタ，スタッフ，保護者，審議会など多様な人々がこの保育施設に関わっており，関心を常に向けていることで維持されている。子どもたちが机を作りたいと思ったら地域の大工職人を訪ねていくし，地域の人たちも子どもたちの活動に惜しみなく支援する。このような小さな地域にひらかれたネットワークがレッジョ・エミリアの幼児教育実践を支えているのである。

　レッジョ・エミリアのプロジェクト活動[注1]は，子どもが興味・関心を抱いたテーマについて，子ども自身が探求していくというものである。子どものつぶやきや疑問こそが活動の出発点であり，子どもの発想やアイデアを大切に

しながら，さまざまな表現活動を通してそのテーマに迫っていく。子どもた
ち同士の相互作用やグループの話し合いをもとに，保育計画が臨機応変に創
発・生成され実践が展開していく。その意味で，プロジェクト活動を中心と
したレッジョ・エミリアのカリキュラムは，エマージェント・カリキュラム
（emergent curriculum）と呼ばれることがある。

　エマージェント・カリキュラムは，子どもの発達や要求に応じて，柔軟に保
育内容や方法を修正するカリキュラムのことを指す[注2]。子どもたちの興味・関
心から生起し，子どもの自発性と保育者の計画性が織り合わさって活動が発展
していくのである。

　このようなレッジョ・エミリアのカリキュラムを考える上で，創設者のロー
リス・マラグッチの影響を抜きに語ることはできない。マラグッチは以下のよ
うに述べている。

　　子どもたちと一緒にいるということは，三分の一の確実性と三分の二の不
　　確実性と新しさに働きかけることであることを知っています。三分の一の
　　確実性は私たちを理解させ，理解しようと試みさせます（エドワーズ他編，
　　2001）。

　この言葉はプロジェクト活動の性質を物語っている。すなわち，子どもたち
がどのような方向性に進むのか保育者はわからないし，ゴールを見極めようと
もあえてしない。確実なものを整理しながら，不確実な未来を予測し子どもた
ちと一緒に探求を進めるのがプロジェクト活動である。

　レッジョ・エミリアのプロジェクト活動では，子どもたちはさまざまな表現
方法で自らの経験を通した理解を具現化するように促される。レッジョ・エミ
リアの「100の言葉」がそれである。言葉，ジェスチャ，議論，描画活動，彫
刻，造形，影遊び，劇，音楽表現など，子どもたちは100の言葉で経験を表現
する。そしてそれは，単なる表現ではなく，プロジェクトのテーマを探求し研
究していくプロセスであるとレッジョ・エミリアでは考えている。それゆえ，
プロジェクト活動は，高い技術と多様な表現方法を習得したアトリエリスタと
いう芸術専門教師や，ペダゴジスタという教育学者が保育者と協同しながらプ

ロジェクトを支えている。

このように，レッジョ・エミリアの実践は，保育者と子どもたちだけではなく，多様な専門職，そして地域の人々との関わりの中でプロジェクト活動を行っているのである。

5節　ニュージーランドの「テ・ファリキ」

ニュージーランドの乳幼児教育カリキュラムは，テ・ファリキ（マオリ語で織物の意味）と呼ばれている。1996年に提示されたテ・ファリキの前文では以下のように述べられている。「これはニュージーランドで開発された最初の二文化カリキュラムである。特に乳幼児期におけるマオリのイマージョンサービスに特化したカリキュラムが含まれていることが特徴であり，あらゆる幼児教育サービスの二文化的な性質をつくりあげている」。このように，テ・ファリキはニュージーランドの先住民族であるマオリと，移民である白人（パケハ）という2つの文化が共存した乳幼児カリキュラムである。

テ・ファリキの指導原理は，①カリキュラムは子どもの全人格的な発達を反映すべきであること，②子どものエンパワーメントが鍵要因であること，③家族と地域社会との連携は強化すべきこと，④子どもは応答的で相互的な関係を通して学ぶということ，の4つである。子どもたちに対する幅広い目標（それは後に要素と呼ばれる）それら——子どもたちが社会の有能な学び手となるのを助けるであろう——は安心感，所属感，貢献，コミュニケーション，探究という4つである」。この中で注目されるのが，「4つの原理」と「5つの要素」である。

保育のあり方を示すのが4つの原理である。第一に，エンパワーメント（Empowerment）では，子どもは意思決定者として重視され，子どもが学び成長するためにカリキュラムが存在していることを示している。第二に，全人格的な発達（Holistic Development）を促すものとしてカリキュラムは位

置づけられている。第三に，保育を行っていく上で，家族とコミュニティ（Family and Community）は不可欠な一部とされている。第四に，子どもたちは人や場，モノとの応答的な関係（Relationships）を通して学んでいるとされる。

次に5つの要素が挙げられる。安心感（Well-Being）：子どもは健康と安心感が守られ育まれる。所属感（Belonging）：子どもたちとその家族は何かの一員としての所属感を実感できる。貢献（Contribution）：子どもたちは公平な学びの機会があり，一人ひとりの貢献は尊重される。コミュニケーション（Communication）：自身の文化，他の文化が培ってきた言語やシンボルが守られ尊重される。探求（Exploration）：子どもは能動的に環境を探求することを通して学ぶ。このような要素には，それぞれ複数の目標が設定されている。

テ・ファリキは，そのマオリ語が示す通り，以上のような4つの原理（縦糸）と5つの要素（横糸）が織物のように折り重なって形成されているのである。（15章も参照）

6節　スウェーデンの就学前カリキュラム

スウェーデンは保育制度を一元化した国の一つである。1975年に「就学前保育法」が制定され，社会庁に一元化された。その後1996年，社会庁から学校庁へ移管し，1998年に「就学前カリキュラム（Lpfö 98）」が施行される。このカリキュラムは，スウェーデンの基礎学校や高等学校のカリキュラムと同等に位置づけられ，他の国のカリキュラムより強い法的拘束力を持っている。

本節では，スウェーデン就学前カリキュラムのポイントを3点に分けて整理する。1点目は，スウェーデンの就学前教育は遊びを基盤としている「エデュケア（養護と教育の一体性）」を保育の柱としている点にある。子どもの主体的な活動である遊びを大切にしながら，子どもの学びだけではなく生活を営む主体者としてのケアの要素も含まれている。2点目は，子どもの自発的な関心

に基づくテーマ活動を重視している点である。子どもの関心をもとに異年齢集団をベースにしながら，さまざまなトピックを協同しながら探求していく。このテーマ活動はレッジョ・エミリアのプロジェクト活動からも多くのインスピレーションを得ている。3点目は，子どもの声を大切にし，意見を表明する機会を保障しているという点にある。スウェーデンの社会では，乳幼児であっても子どもは一人の主体として認められ尊重されている。保育者は，活動のさまざまな場面で子どもに多くの責任をゆだね，そして社会への参加を促していく。その意味で，保育の中で保育者は子どもの声に耳を傾け，子どもの意見を表明する機会を大切にしている。

　スウェーデンの就学前カリキュラムでは，文化と知識の創造者としての子どもという価値が前提としてある。そして，保育者は子どもの「共同研究者」であり，文化と知識の「構築者」であり，最後に「教育者」という3つの役割を担っているのである。

　スウェーデンの就学前カリキュラムには，「規範と価値観」「成長と学び」「子どもによる影響」「就学前学校と家庭」「就学前学校クラス，学校，余暇センターとの協力」「フォローアップ，評価，発展」「就学前学校長の責任」という項目がある。「規範と価値観」の項目では，オープンであること，尊敬の念をもつ・連帯・共感・責任感を育てる・多様な背景をもつ人々への尊重など，スウェーデンの社会が共通して大切にしたい価値観が示されている。「成長と学び」の項目では，言語／コミュニケーション，創造／表現活動，数学／自然科学など育てるべき領域があり，それぞれに目標と指針が示されている。

　スウェーデンの保育はイタリアのレッジョ・エミリアの影響を強く受けている。特に，ドキュメンテーションという実践記録は，レッジョ・エミリアの記録方法から学び，子どもの興味・関心から出発した活動を通して，子どもが何を学んでいるのかという点を可視化し評価として体系化したものとして注目される。

　ドキュメンテーションは，子どもの言葉や行動などを，メモ，録音，写真，ビデオ等で記録にとり，また，子どもたちの制作物なども含めた実践記録であ

る。スウェーデンのドキュメンテーションは，以下のような段階を経て作成される。まず，子どもの関心がどこにあるのか①観察する。そして，子どもたちと一緒に活動しながら，何を探求しているのか，何を考えているのかなどを②文章化する。次に，写真や絵などの③ドキュメンテーションを整理する。さらに，保育者はこのドキュメンテーションを通して何を伝えたいのか，どのような経験をしたのかを④解釈する。継続的な観察を通して，子どもたちが新しい課題や挑戦をすることがある（⑤新しい質問）。最後に一定期間の活動を終えた段階で，これまでのプロセスを踏まえ⑥まとめるのである。このように作成されたドキュメンテーションは，スウェーデンの場合，バインダーにとじられており，個人のポートフォリオとして保管される。このドキュメンテーションの閲覧は，子ども自身の許可がなくては閲覧できない。ドキュメンテーションを通して，そのとき子どもが何を考えていたのか，子どもと保育者の関わりがみえてくるのである。スウェーデンのナショナル・カリキュラムでは，ドキュメンテーションの作成とその分析は保育実践の評価の一つとして位置づけられている。

7節　世界の保育カリキュラムから学ぶ際に大切にしたいこと

　世界の保育カリキュラムとして，5つのカリキュラムを概観してきた。それぞれの保育カリキュラムの特徴とよさがみえてきただろう。アカデミック・スキルの育ちを重視したカリキュラムや，遊びやプロジェクト活動を中心にしたカリキュラム，多様な価値を尊重することを大切にしたカリキュラムなど，国によってさまざまなコンセプトや領域で構成されていた。最後に，世界の保育カリキュラムを学ぶ上で，重要な点を2点ほど指摘しておきたい。

　第一は，その国の文化と価値を背景に成立しているカリキュラムであることを理解した上で，それぞれのよいところを学ぶという姿勢が重要である。例えば，ニュージーランドのテ・ファリキはマオリとパケハという二文化主義が背

景にあった。日本でそのままテ・ファリキというカリキュラムを応用してもうまくいかないだろう。わが国の文化的背景や文脈を考慮しながら，カリキュラムや保育計画を作成していく必要がある。

　第二は，カリキュラムを実践する保育者の自律性の問題である。どれだけよいカリキュラムがあったとしても，その理念を理解し実践するのは保育者である。「絵に描いた餅」とならないためにも，カリキュラムやガイドラインに記された理念や方向性を深く理解しながら，目の前の子どもたちの姿と重ね，日々の遊びや生活の中でどのような経験が必要なのかを含めた構想力が求められる。また，園の状況に応じて，指導計画を立案，実践，修正するといったカリキュラム・マネジメントの力も求められるだろう。このような力は，その園の状況や目の前の子どもの姿を踏まえ，保育者自身が自ら考え，自由に保育を展開する保育者の自律性につながると考えられる。

注1　プロジェクト活動は，アメリカの新教育運動を代表する教育学者デューイとその弟子キルパトリックらが提唱したものである。机の前で座って学ぶのではなく，アクティブに探求しながら学ぶ問題解決型の教育実践方法である。イタリアのレッジョ・エミリアと並び，アメリカではリリアン・カッツらのプロジェクト型保育も知られている。
注2　エマージェント・カリキュラムは，「生成発展カリキュラム」（加藤，2007）という訳語が使用されている。

引用・参考文献

OECD　*Five curriculum outlines: Starting Strong Curricula and Pedagogies in Early Childhood Education and Care*. 2004（https://www.oecd.org/edu/school/31672150.pdf ）（2017 年 11 月 20 日閲覧）
泉千勢編　なぜ世界の幼児教育・保育を学ぶのか――子どもの豊かな育ちを保障するために　ミネルヴァ書房　2017
エドワーズ，C. 他編　佐藤学他訳　子どもたちの 100 の言葉――レッジョ・エミリアの幼児教育　世織書房　2001
大野歩　「スウェーデンの保育改革にみる就学前教育の動向――保育制度と「福祉国家」としてのヴィジョンとの関係から」　保育学研究，53, 2　2015　pp. 220-235
カー，M. 著　大宮勇雄・鈴木佐喜子訳　保育の場で子どもの学びをアセスメントする――「学びの物語」アプローチの理論と実践　ひとなる書房　2013

加藤繁美　対話的保育カリキュラム（上・下）　ひとなる書房　2007
ジグラー，E.，ムンチョウ，S. 著　田中道治訳　アメリカ教育改革——ヘッドスター
　　ト・プロジェクトの偉大なる挑戦　学苑社　1994
白石淑江・水野恵子　スウェーデン保育の今——テーマ活動とドキュメンテーショ
　　ン　かもがわ出版　2013
七木田敦・ダンカン，J. 編　「子育て支援先進国」ニュージーランドの保育——歴史
　　と文化が紡ぐ家族支援と幼児教育　福村出版　2015
ヘンドリック，J. 著　石垣恵美子・玉置哲淳訳　レッジョ・エミリア保育実践入門
　　——保育者はいま、何を求められているか　北大路書房　2000
保育プロセスの質研究プロジェクト編　子どもの経験から振り返る保育プロセス
　　——明日のより良い保育のために　幼児教育映像政策委員会　2010

4章　幼児教育の捉え方

1節　幼児教育施設としての位置づけ

　2017（平成 29）年，幼稚園教育要領，保育所保育指針，幼保連携型認定こども園教育・保育要領が改訂（定）された。今回の大きな改訂点は2つある。一つは3歳未満児の保育のねらい，保育内容が詳しく具体的に示されたこと。もう一つは，3施設すべてが「幼児教育施設」として位置づけられたことである。そして，これらの幼児教育施設において共通する幼児教育の在り方として，これまでと同様「環境を通した教育であること」，乳児の保育が3歳以降の育ちや小学校以降の学びにつながることを見通して教育をするという「乳児期からの発達と学びの連続性」，さらに「小学校教育との接続の在り方」の3点が明確にされた。3点目は「小1プロブレム」に対応して，幼児教育から小学校

※写真と本文の内容は直接的には関係ありません。

教育へと円滑に移行できるよう，小学校の新学習指導要領においてスタートカリキュラムが導入されたことに伴うものである。本章においては，幼児教育施設としての共通性という点から，「3歳以上の幼児期の施設での教育」を幼児教育として，この3施設の幼児教育が新しくどのように捉えられているのかについて述べる。

2節　幼児教育における見方・考え方

　平成29年告示の改訂（定）によって，幼稚園教育要領，幼保連携型認定こども園教育・保育要領にはじめて「幼児教育における見方・考え方」という言葉が使われた。「幼児教育における見方・考え方」について，平成28年12月21日中央教育審議会（答申）では次のように示している。

> ①　幼児期は，幼児一人一人が異なる家庭環境や生活経験の中で，自分が親しんだ具体的なものを手がかりにして，自分自身のイメージを形成し，それに基づいて物事を感じ取ったり気付いたりする時期であることから，「見方・考え方」を働かせた学びについても園生活全体を通して，一人一人の違いを受け止めていくことが大切である。
>
> ②　幼児教育における「見方・考え方」は，幼児がそれぞれの発達に即しながら身近な環境に主体的に関わり，心動かされる体験を重ね，遊びが発展し生活が広がる中で，環境との関わり方や意味に気付き，これらを取り込もうとして，諸感覚を働かせながら，試行錯誤したり，思い巡らしたりすることであると整理できる。
>
> ③　また，このような「見方・考え方」は，遊びや生活の中で幼児理解に基づいた教員による意図的，計画的な環境の構成の下で，教員や友達と関わり，さまざまな体験をすることを通して広がったり，深まったりして，豊かで確かなものとなっていくものである。こういった「見方・考

え方」を働かせることが，幼稚園等における学びの中心として重要なものである。

④　このような「見方・考え方」は，小学校以降において，各教科等の「見方・考え方」の基礎になる。

　以上のことを整理してみると，「幼児教育における見方・考え方」とは，幼児一人ひとりがこれまでの体験を手掛かりとして，主体的に環境と関わり，心がゆさぶられるようなさまざまな体験をする中で，それらを取り込もうとして，諸感覚を働かせながら，試行錯誤したり思いを巡らしたりすることである。そのことは，幼児理解に基づいた保育者による意図的，計画的な環境の構成の下で，保育者や友だちと関わり，さまざまな体験を重ねることにより，豊かで確かなものになっていくということである。また，「幼児教育において育みたい資質・能力の整理と，小学校の各教科等との接続の在り方」において，「幼児教育においては，幼児期の特性から，この時期に育みたい資質・能力は，小学校以降のような，いわゆる教科指導で育むのではなく，幼児の自発的な活動である遊びや生活の中で，感性を働かせてよさや美しさを感じ取ったり，不思議さに気付いたり，できるようになったことなどを使いながら，試したり，いろいろな方法を工夫したりすることなどを通じて育むことが重要である」としている。この幼児教育において育みたい資質・能力は，後述する「3つの柱」に整理された。

3節　幼児期の教育は環境を通して行う

　幼児教育の基本，それは「環境を通して行う教育」である。平成20年の幼稚園教育要領解説には，環境を通して行う教育の意義に，「この時期の教育においては，生活を通して幼児が周囲に存在するあらゆる環境からの刺激を受け止め，自分から興味をもって環境に関わることによってさまざまな活動を展開

し，充実感や満足感を味わうという体験が重視されなければならない。また，本来，人間の生活や発達は，周囲の環境との相互関係によって行われるものであり，それを切り離して考えることはできない。特に，幼児期は心身の発達が著しく，環境からの影響を大きく受ける時期である。幼児教育の特性から，幼児期の教育は『環境を通して行う』事を基本としている」と明示されているように，幼児教育は，幼児を取り巻くあらゆる環境に対して自ら進んで環境と関わり，さまざまな活動を広げたり深めたりする体験の積み重ねによって，心身の発達が促されていくことになる。

　このことから，幼児教育は，「環境を通して行う」ことを基本としているのである。(10章，図10－1参照)

4節　幼児教育において育みたい資質・能力の3つの柱

1　3つの柱は3法令共通

　3つの柱とは，(1) 豊かな体験を通じて，感じたり，気づいたり，わかったり，できるようになったりする「知識及び技能の基礎」，(2) 気づいたことや，できるようになったことなどを使い，考えたり，試したり，工夫したり，表現したりする「思考力，判断力，表現力等の基礎」，(3) 心情，意欲，態度が育つ中で，よりよい生活を営もうとする「学びに向かう力，人間性等」で，これらの資質・能力は，ねらい及び内容に基づく保育活動全体によって育むものであるとしている。

(1) 「知識及び技能の基礎」

　これは，個別の知識・技能につながる知的な力のことである。

　ボーリング遊びで，ペットボトルのピンを全部倒すためにはどうしたらいいんだろうと考える。ボールの持ち方や投げるスピードなども加減をしないとうまく倒れないとか，自分は投げるとボールが左に曲がってしまう

から投げる位置を考えた。すると，うまくピンが倒せるようになってきた。

　こんなふうにしたらうまくいった，こうすればよくなるなどの体験を重ねることによって達成感を味わっていく。このことがピンをうまく倒すための知識や技能の基礎となる。

(2)「思考力，判断力，表現等の基礎」

　「思考力，判断力，表現等の基礎」とは，知識・技能を使って柔軟に思考したり，判断・表現したりする応用的な力につながる知性のことである。

　　紙飛行機を飛ばして遊んだ。遠くまで飛んでいく飛行機があれば，すぐに落ちて飛ばない飛行機もある。また，まっすぐに飛ぶ飛行機もあればくるくると回ってしまう飛行機，高く上がるのもあれば低空飛行の飛行機などさまざまである。

　このような体験の中で，子どもたちは遠くに飛ばせる友だちに対して，羨望の目でみたり憧れを抱いたりすることになる。そして，どのようにすれば自分も遠くに飛ばせるのかと友だちの飛行機を観察したり，飛行機の羽根の形を変えてみたり，前が重たい方がよく飛ぶのではないかと試行錯誤しながら考える。そして，飛ばしてはまた考え，少し手を加えてまた飛ばす。なかには，大胆に羽根をやぶって形を変えて飛ばす子どもも出てくるかもしれない。さらには，風があったほうがよく飛ぶとか，高いところから飛ばした方がよいなどと考える。その中で，「遠くに飛ぶのもいいけれど，遠くに飛ぶだけではなく長い時間飛ぶのもいい」というように，物事を柔軟に思考するようにもなる。この柔軟に物事を考えることもとても重要である。このような中で，積極的，主体的に取り組む体験を通して思考力・判断力・表現等の基礎が育っていく。

(3)「学びに向かう力，人間性等」

　「学びに向かう力，人間性等」とは，学んだことを生活で活かそうとするような姿勢や情意のことであり，心情・意欲・態度が育つ中でよりよい生活を営

んでいくかということである。

　園庭で遊んでいるとき，花壇のまわりに置いてある植木鉢を倒してしまった。よく見ると何か黒いものがもこもこ動いている虫がいるのに気がついた。何だろうと思ってよく見ると，しましまで変な虫だった。指でつまんで手のひらに乗せると身体が丸くなって，少しするとまた動きはじめた。先生に名前を聞くとダンゴムシだよと教えてくれた。先生に部屋で飼いたいと言うと，「いいよ」と言ってくれたのでうれしくてワクワクした。先生は「でもどうして飼ったらいいのかな」と言ったので，みんなが口々に「虫かご」「おおきなポット」「土を入れないと」「たべものは」などさまざまな意見が出てきた。女の子が，「ちゃんと飼うんだったら，図鑑で飼い方を調べた方がいい」と提案した。図鑑の絵や写真を見た。文字で書いてあるところは先生に教えてもらった。するといろいろなことがわかってきた。ダンゴムシの名前はオオダンゴムシ，昆虫の仲間ではないこともわかった。体は頭と胸とお腹の３つに分かれていること，飼う容器のこと，土のこと，食べ物，水，置く場所などなどたくさんのことがわかってきて，ますますダンゴムシを飼うのが楽しみになってきた。

　自分の意見を言ったり，友だちの意見を受け入れたりしながらお互いに認め合い，みんなで協力してダンゴムシの飼育に取り組もうとする姿こそ一つの目的をみんなで共有し追求していこうとする姿であり，このようなことが学びに向かう力，人間性が育つ基礎となっていく。

　以上３つの柱について事例を挙げたが，ただどの子どもたちの遊びも保育者がはじめから知識で説明をしたりしては，幼児たちは決して積極的にはならないし楽しくはならないだろう。小学校以上の授業をしているのではなく，小学校へ向かう基礎を育てていることを忘れてはいけない。幼児の自然な発想や興味を大切にし，幼児同士が話し合い考え合い試行錯誤する中で，協力，協同していけるような支援が重要となる。

2 幼児期の終わりまでに育ってほしい10の姿

　前項で述べた「幼児教育において育みたい資質・能力」の3つの柱を踏まえて，「幼児期の終わりまでに育ってほしい姿」として具体的に「10の姿」に整理された。健康，人間関係，環境，言葉，表現の5領域の内容が，5歳児後半にねらいが達成できるように示されている。（6章，図6−2参照）

　10の姿は，3歳児から5歳児を通じて育んでいくもので，最終的には5歳児後半にねらいを達成することが目標である。そのためには，保育者はこの10の項目を個々に扱うのではなく，3歳児から総合的に保育の中でその発達に応じて指導しなければならない。また，「幼児期の終わりまでに育ってほしい姿は5歳児後半の評価の手立てとなるものであり，幼稚園等と小学校の教育が持つ5歳児修了時の姿が共有化されることにより幼児教育と小学校教育との接続の一層の強化が図られることが期待される」（無藤，2017）と言われるように，5歳児の後半における幼児の姿は，保育者の最終的な自身の評価を行う上での重要なものであるとともに，その姿を小学校の教員と共有することによって，幼児教育と小学校の教育との連続性がさらに明確となり，幼児教育から小学校へ進む段差がより低く，そしてスムーズに移行できるようになる。

　次に示す10の姿での遊びの事例は，その項目だけに当てはまるものではなく，他の姿の内容にも当然関わる総合的なものとなるものである。したがって，また，その遊びの事例は，その項目の姿をすべて包括しているものでもなく，他の遊びと密着に関わり，10の姿が総合的に育っていきながら，ねらいに向かっているということを理解しておくことが重要である。（各項目の具体的な内容は13章，表13−1，および付録を参照）

（1）健康な心と体

　「幼稚園生活の中で，充実感をもって自分のやりたいことに向かって心と体を十分に働かせ，見通しをもって行動し，自ら健康で安全な生活をつくり出すようになる」

　事例1　平均台を歩いて渡ろう

しんや君は両手でバランスを取りながら慎重に足を交互に出していく。しかし，やっぱりすぐに落ちてしまう。また順番を待って自分の番になると，よし今度こそと思って平均台に乗った。何とかバランスを保って3歩まで行けるようになった。でも最後まで歩き切るのはとても難しい。先生もみんなも「頑張って」と応援してくれるので，上手な友だちが歩いている姿をよく観察してみると，前を向いて歩いていた。しんや君はいつも自分の足が平均台にちゃんと乗っているか心配で足元を見て歩いていた。今度は足元を見ないでやってみようと思った。自分の番が来たので平均台に乗った。ちょっと怖かったけど，足元を見ないで前を向いて歩いてみると不思議に最後まで歩けた。しんや君は大きな声で「やったー」と叫んだ。先生もみんなも拍手をしてくれた。つぎはもっと上手に早く歩けるようになりたいと思った。

このように，自分はできないと諦めないで何度も挑戦する態度，その中で成功したときの達成感や満足感を味わうという体験を重ね，また他の運動にも意欲を持って取り組もうとする姿勢が健康な心と身体を育てる基礎となる。

（2）自立心

「身近な環境に主体的に関わり様々な活動を楽しむ中で，しなければならないことを自覚し，自分の力で行うために考えたり，工夫したりしながら，諦めずにやり遂げることで達成感を味わい，自信をもって行動するようになる」

事例2　竹馬を作って遊ぼう

　みんなで竹馬を作って乗って遊ぶことになった。えいた君は竹馬を作ったので，乗ろうと思い片足を乗せてもう片足も乗せようとした。でも，どうしてもグラグラとして乗ることができない。そこに先生が来て竹棒を持ってくれた。ちょっと怖かったけれど乗れた。先生は右，左と言いながら竹棒を交互にして歩かせてくれた。えいた君は，少しわかってきたので一人で練習することにした。しかし，何度やっても一人ではうまく竹馬に

乗れない。諦めようかとも思ったが、みんなが楽しそうに歩いているのを見て、やっぱり頑張って練習しようと思った。どうしたら上手に乗れるのか考えてみた。竹馬と同じ高さのところから足を乗せると少し前に進めた。こうして何度も練習していると、少しずつ歩けるようになってきた。すると先生や友だちが「うまくなったね」と言ってほめてくれたので、とっても嬉しかった。もっと練習して遠くまで歩けるようにしたいと思った。

このように、竹馬に乗るのが難しい、諦めようかなと思っても、みんなに支えられながら諦めずに頑張ろうとして、一人でも何度でも挑戦する意欲、忍耐力、どうしたら上手に乗れるのかと考えたりする思考力、認められたときの喜びや達成感といったものを重ねながら、えいた君なりに自信をもち行動できるようになる。このようなことが自立心を育てる基礎となっていく。

(3) 協同性

「友達と関わる中で、互いの思いや考えなどを共有し、共通の目的の実現に向けて、考え、工夫し、協力し、充実感をもってやり遂げるようになる」

事例3　電車ごっこ――電車をつくろう

グループに分かれて電車を作ろうということになった。たくみ君のグループでは、「僕は○○電車がいい」「わたしは○○電車を作りたい」など、これまでに自分が乗ったことのある電車の名前がいろいろと出てきた。たくみ君が前に遠い祖父の家に遊びに行ったときに乗った電車をいうと、みんなは知らないから作れないと言って却下された。みんなが知らないから教えてあげようと思って言ったという不満もあったけど、みんなが知っている電車でないと作れないかもと思ってそれ以上は言わなかった。すると何人かが「○○がいい、みんなわかるから」と言ったので、○○電車を作ることになった。電車の前の部分は運転手さんが乗るドアを作ろうとか、電車の色や窓は何枚描こうとかいろいろ意見を出し合った。また、誰が何をするのかという役割も決めた。グループみんなで電車づくりに取り組ん

だ。他のグループも電車づくりが始まった。たくみ君はわくわくしながらみんなで一緒に作ることがとても楽しかった。りっぱな電車を作ってみんなで早く遊びたいと思った。

　何かを協同して行う場合，いろんな意見の対立が生まれてくる。しかし，その中で，自分の思いと友だちの思いに違いのあることを知ったり，友だちもいろいろ考えて主張したりすることを受け止めながら自分なりに考え，一つの目的に向かって協力して活動していくことによって充実感や達成感を味わい，仲間意識を強めていく。この積み重ねが協同性を培っていく基礎となる。

　(4) 道徳性・規範意識の芽生え
　「友達と様々な体験を重ねる中で，してよいことや悪いことが分かり，自分の行動を振り返り，友達の気持ちに共感し，相手の立場に立って行動するようになる。また，きまりを守る必要性が分かり，自分の気持ちを調整し，友達と折り合いを付けながら，きまりをつくったり，守ったりするようになる」

事例4　プール遊び
　4歳児クラスはプール遊びの日で，みんなでプールに入った。プールの中にスマートボールを入れて潜って取り合ったり，輪をくぐって遊んだり楽しく遊んでいたら太鼓が鳴った。太鼓が鳴ったらすぐにプールの外へ出る約束だったので，しょうた君はすぐにプールから出た。みんなもしょうた君と同じようにプールの外に出た。でも，だいき君はまだプールに残ったままだった。みんなは「だいき君，早く出ないと」「太鼓が鳴ったでしょ」などと口々に言って早く出るように叫んだ。すると，先生がだいき君に「太鼓が鳴ったらどうするんだった」と言った。だいき君は「もっと遊びたい」といいながらしぶしぶプールから上がった。先生は「太鼓が鳴ったらどうするんだった」「約束を守らなくてもいいの」と言うと，あおいちゃんが「今度約束を守らなかったら1回休んだら」と言った。みんなもそれがいいと言ったら先生が「その人一人だけ休むの」と言った。す

4章　幼児教育の捉え方　59

るとさくらちゃんが「全員休み」と言った。「その人だけ休み」「全員休み」「半分だけ休み」などいろいろと意見が出てきた。

　このような体験を通して，物事にはルールがあることや守ること，してよいことや悪いことを理解していく。そして，みんなが楽しくプール遊びをするためには自分はどうしたらよいのかや，自分たちで決まりを考え作るなどの体験を通して，道徳性や規範意識が芽生えていく。

（5）社会生活との関わり

　「家族を大切にしようとする気持ちをもつとともに，地域の身近な人と触れ合う中で，人との様々な関わり方に気付き，相手の気持ちを考えて関わり，自分が役に立つ喜びを感じ，地域に親しみをもつようになる。また，幼稚園内外の様々な環境に関わる中で，遊びや生活に必要な情報を取り入れ，情報に基づき判断したり，情報を伝え合ったり，活用したりするなど，情報を役立てながら活動するようになるとともに，公共の施設を大切に利用するなどして，社会とのつながりなどを意識するようになる」

事例 5　ボランティア活動に参加

　今日は地区の清掃の日で，お父さんは朝早くから服を着替えてタオルを持って出かける準備をしていた。「みさきちゃんも一緒にお手伝いするか」といったので，すぐに「いく！」と言った。実は，地区の清掃ってどんなことをするのかとても気になってお父さんについて行きたいと思っていたところだったので，すぐに返事をした。嬉しくてわくわくしてきた。家を出ると顔見知りのおじさんやおばさんも出てきた。たくさんの人が集まって「さあ，それでは 1 班の方々はゴミと空き缶を拾ってください。2 班の方々は……」。みさきちゃんは空き缶を拾うことになった。頑張ろうと思った。お父さんの近くで空き缶を探した。あった！ 1 つ見つけた。「ここにあったよ」と言ってお父さんに見せると「よく見つけたね，エライエライ」。近くにいたおばさんも「見つけるのがうまいね，みさきちゃんの

60

おかげでここの道もきれいになるよ」と言って褒めてくれた。みさきちゃんはとても嬉しくなって，空き缶拾いが楽しくなった。

　このように地域の人たちと触れ合い，言葉をかけてもらったり褒めてもらったり認めてもらったりする中で，自分が地域で役に立っている喜びや，また認めてもらったという充実感を味わう。このような体験が，社会生活との関わりを築いていく基礎となっていく。

(6) 思考力の芽生え

　「身近な事象に積極的に関わる中で，物の性質や仕組みなどを感じ取ったり，気付いたりし，考えたり，予想したり，工夫したりするなど，多様な関わりを楽しむようになる。また，友達の様々な考えに触れる中で，自分と異なる考えがあることに気付き，自ら判断したり，考え直したりするなど，新しい考えを生み出す喜びを味わいながら，自分の考えをよりよいものにしていく」

事例6　お泊まり保育

　今日は園でお泊まり保育である。みんなで夕食づくりをして，庭に出て食べた。いつもとは違う幼稚園のようだ。夕食のカレーを食べて，お片づけをしてから花火をして遊んだ。とてもきれいで楽しかった。部屋に入ると外は真っ暗になっていた。すると先生が，「今からみんなで中庭を散歩するから，家から持ってきた懐中電灯を持ってきてください」と言ったので，真っ暗なのに散歩をするの？と思ったけど，みんな懐中電灯を持って玄関のところに集まった。電灯のスイッチを入れると前のところがパッと明るくなって，よく見えた。一人ずつ並んで先生の後をついて歩いた。先生が立ち止まって，「懐中電灯をいろいろ動かして見てごらん」と言ったので，手を伸ばして照らすと，遠くの所もよく見えた。毎日来ている幼稚園だけど，昼と夜とでは全然感じが違った。先生が「懐中電灯の明かりを消してごらん」と言ったので消すと真っ暗になり，何も見えなくて怖くなった。明かりをつけるとみんなの顔やまわりが見えて安心した。

4章　幼児教育の捉え方　61

> 　あやかちゃんは，懐中電灯のスイッチを入れるとどうして明るくよく見えるようになるのだろうととても不思議に思った。夜の散歩が終わって部屋に戻ると，あやかちゃんは先生に「どうして懐中電灯をつけると明るくまわりが見えるようになるの」と尋ねると「電池が入っているからだよ」と教えてくれた。「でも電池は光らないでしょ」と言うと「ほら，ここに小さい電球があるでしょ，スイッチを入れると電流が流れて電球が明るく光るのよ」と教えてくれた。まだ不思議そうな顔をしていると，先生が「また図鑑で調べてみようね」と言ってくれたので，とても楽しみになった。

　このように，初めての不思議な体験から「どうしてだろう」「なぜだろう」という疑問を持ち，もっとわかりたい，知りたいという知的好奇心こそ大切にしなければならない。やがては，その仕組みを理解して何かに応用したり，新しく創り出したりしていくようになる。この幼児期における「なぜ・どうして」と感じるさまざまな体験こそ，思考力の芽生えの基礎となっていく。

（7）自然との関わり・生命尊重

　「自然に触れて感動する体験を通して，自然の変化などを感じ取り，好奇心や探究心をもって考え言葉などで表現しながら，身近な事象への関心が高まるとともに，自然への愛情や畏敬の念をもつようになる。また，身近な動植物に心を動かされる中で，生命の不思議さや尊さに気付き，動植物への接し方を考え，命あるものをいたわり，大切にする気持ちをもって関わるようになる」

> **事例7　虫取り**
> 　今日は園の近くの河原へみんなで虫取りに行った。ゆうと君はいろいろな虫に興味があり，わくわくしながら網と虫かごを持って出かけた。バッタやトンボが飛んでいるのをみると網を振り回さずにはおれなかった。でも，なかなかすばしこくて取れなかった。先生が，そっとゆっくりゆっくりやるのよと教えてくれた。バッタが1匹採れた。わくわくしながらバッ

タを逃がさないよう虫かごへ入れた。バッタをよくみると，今までに見たこともないひげの長いバッタだった。先生に「なんというバッタ？」と聞くと「わからないね，園に帰ったら調べようね」と言ってくれた。それから何匹か採って園に帰った。園に戻るとさっそく図鑑を取り出して調べた。ゆうと君は虫かごにいるバッタと図鑑の写真をなんども見くらべたが，同じのがなかった。もう少しページをめくるとそこに同じバッタが載っていた。先生にここにあったというと「それはバッタではなくてキリギリスだよ」と教えてくれた。よく似ているけどバッタの仲間ではなくキリギリスだということがわかった。図鑑を読んでもらうと，キリギリス科で他にも仲間がいることや，ひげは触覚と言ってとても長いことや，「チョン，ギー，ギー」とよく鳴くことなどがわかった。すごく嬉しくて，大事に飼おうと思った。そして，キリギリスの飼い方や食べ物を調べたりして，みんなで世話をすることになった。

　このように，今まで見たことのないものに出会い感動し，興味や関心をもって調べたり考えたりすることによりさらに探究心が育ち，跳びはねる姿や物を食べている姿，鳴き声を観察することによって得られる生命の不思議さやすばらしさから，生き物に対して愛着をもちやがて愛情が持てるようになる。このような体験から自然との関わりを強くし，生命尊重へとつながっていく。

(8) 数量や図形，標識や文字などへの関心・感覚

　「遊びや生活の中で，数量や図形，標識や文字などに親しむ体験を重ねたり，標識や文字の役割に気づいたりし，自らの必要感に基づきこれらを活用し，興味や関心，感覚をもつようになる」

事例8　お店屋さんごっこ

　お店屋さんごっこをすることになり，みんなでいろいろなお店に分かれて売るものを作ることになった。あいりちゃんのグループは果物屋さんをすることになった。どんな果物を作ればよいのか話し合いになった。「リ

ンゴ」「ミカン」「スイカ」「ブドウ」，するとれん君が「もうスイカは売ってないよ。いまは，秋だよ」といったので，秋の果物を出し合うことになった。あれこれ考えたり，図鑑で調べたりしながら，柿やくりやなしなどたくさんの果物が出てきた。紙粘土で果物を作りながら，みんなから「作った果物を入れるお皿がいる」「いくらで売るか値段をつけないと」「果物の名前を書いた紙もいる」ということになり，お金や店の大きな看板も作った。そして店への案内の矢印の標識も作ることになった。

　お店やさんごっこの遊びを通して，どのような果物を作ればよいのかという話から季節の果物を知ったり，作る際には，物の色や形や大きさを考えたり，売れる数を予想したりしながら，また文字や標識を作る中で，幼児のこれまでの体験をもとに，新たに考え工夫していこうとする姿は，数量や図形，標識，文字への関心，感覚を培っていく基礎となっていく。

(9) 言葉による伝え合い

　「先生や友達と心を通わせる中で，絵本や物語などに親しみながら，豊かな言葉や表現を身に付け，経験したことや考えたことなどを言葉で伝えたり，相手の話を注意して聞いたりし，言葉による伝え合いを楽しむようになる」

事例9　朝の会

　今日は月曜日，朝の会をした。おはようの歌をうたって元気な声で挨拶をした。先生が「昨日は日曜日でお休みだったけど，みんな何をしていたかな」というと，ハイハイと手が上がり，先生より先に「昨日はね」と言い出すものもいたりとても元気だ。「では，ゆいちゃん」「わたしは，家族みんなで緑ヶ丘公園へお花見に行った。お母さんと，お父さんとお姉ちゃんと行った。桜がいっぱい咲いていてとてもきれいだった。お弁当を食べた。楽しかった」。すると，「どんなお弁当」「どこの公園」「何に乗っていったの」など，いろんな質問が飛び出した。ゆいちゃんはニコニコしながら得意そうに昨日の楽しかったことをたくさん話した。この後も次々に

64

話をしていった。

　発表したり，話をしっかり聞いて質問したり話し合いをする中で話の内容を理解したり考えて聞いたり話したりする姿勢が育ち，また時間的な経緯に沿って筋道を立てながら話をする態度が育っていく。このような毎日の体験の積み重ねによって，言葉の伝え合いの基礎が育っていく。

(10) 豊かな感性と表現

　「心を動かす出来事などに触れ感性を働かせる中で，様々な素材の特徴や表現の仕方などに気付き，感じ，考えたことを自分で表現したり，友達同士で表現する過程を楽しんだりし，表現する喜びを味わい，意欲をもつようになる」

事例10　粘土で作ろう

　粘土でいろいろな体の動きを作ることになった。先生が「みんなはいつもいろんな動きをしているけど，どんな動きがあるかなあ」というと「僕は走っているところ」「わたしは座っているところ」「ボールを投げているところ」「寝ているところ」……中には飛んでいるところ，とか鉄棒にぶら下がっているところなど，いろんなおもしろい動きが出てきた。思い思いに作りたい動きを出し合った。りく君が走っているところを作っていると，ゆうなちゃんが「腕をもっと上げんと走っているようには見えへんよ」，「どんなふうに」。ゆうなちゃんは「こんなふうに」と言って肘を左右に上げて見せた。りく君は「わかった」と言いながら，ゆうなちゃんの格好を見ながら腕の位置を作っていった。

　自分のイメージで形を表現したり，友だちの意見や表現をヒントにさらにイメージを広げたり深めたりしながら自由にのびのびと表現する中で，意欲的に取り組みながら表現の楽しさを感じたり，友だち同士で表現する楽しみや喜びを味わっていく。このような体験の積み重ねによって豊かな感性や表現が育つ。

5節　幼児の積極的な学びとなるように

　幼児教育の共通性について述べてきたが，保育内容の5領域は，3歳以降については幼稚園，保育所，幼保連携型認定こども園すべて共通の内容で指導されるものである。したがって各々の教育施設の保育者は，ふさわしい環境の中で遊びを通して総合的に指導を行うことを基本として，その遊びが「幼児期の終わりまでに育ってほしい姿」とつながるように，それぞれの目標，ねらいのもとにしっかりとした教育計画を立て指導していくことが重要である。子どもがいま自分にとって何が必要か，何をしようとしているのかということを理解していないままに，大人から一方的に知識を教えるだけでは決して学びとは言えない。さまざまな遊びや事象を体験する中で幼児の心が揺さぶられ，疑問や興味，関心を持つことが積極的な学びとなっていく。そのことは，小学校以上の学校教育の基礎的な資質・能力として共通の力を育成することとなる。

参考・引用文献

中央教育審議会　幼稚園，小学校，中学校，高等学校及び特別支援学校の学習指導
　　要領等の改善及び必要な方策等について（答申）　文部科学省　2016（http://
　　www.mext.go.jp/b_menu/shingi/chukyo/chukyo0/toushin/1380731.htm）（2017
　　年7月10日閲覧）
無藤隆　「今後の幼児教育とは」　幼児教育研究センター発足記念　平成28年度教育研
　　究公開シンポジウム資料　2017
無藤隆・汐見稔幸編　イラストで読む！幼稚園教育要領　保育所保育指針　幼保連携型
　　認定こども園教育・保育要領はやわかりBOOK　学陽書房　2017
無藤隆・汐見稔幸・砂上史子著　ここがポイント！3法令ガイドブック――新しい
　　『幼稚園教育要領』『保育所保育指針』『幼保連携型認定こども園教育・保育要領』
　　の理解のために　フレーベル館　2017
文部科学省　幼児教育部会における審議の取りまとめについて（報告）　2016（http://
　　www.mext.go.jp/b_menu/shingi/chukyo/chukyo3/057/sonota/1377007.htm）
　　（2017年7月10日閲覧）
文部科学省　幼稚園教育要領解説　文部科学省　2008

5章　環境を通して行う教育

1節　環境を通して行う教育と子どもの能動性

　2017（平成29）年告示の幼稚園教育要領では，総則において「幼稚園教育は，学校教育法に規定する目的及び目標を達成するため，幼児期の特性を踏まえ，環境を通して行うものであることを基本とする」と記されている。保育所保育指針，幼保連携型認定こども園教育・保育要領においても同様で総則において「環境を通して行う」ものであることが記されている。

　この「環境を通して行う教育」という考え方は，1956（昭和31）年の幼稚園教育要領や1965（昭和40）年の保育所保育指針では，「適当な環境を与えて」という文言や「幼児にふさわしい環境を用意して」という表現であったが，1989（平成元）年の幼稚園教育要領，1990（平成2）年の保育所保育指針

※写真と本文の内容は直接的には関係ありません。

で，現在と同じ「環境を通して行う」という文言が登場したものである。そして，乳幼児期の教育がそれ以降の小学校教育，中学校教育など比して最も大きく異なっているのが，この環境を通して行う教育という考え方である。昭和の要領や指針においても「遊びを中心とした保育」という考え方は存在していたが，子どもの「主体性」をより重視した立場へと軸足を移していった。

　ここでいう「環境」とは，広い意味では自然環境や社会環境，地球環境なども含まれるが，狭い意味では，子どもたちが直接に関わる遊具や道具，小動物などの物的環境，保育者や友だち，親・きょうだいなどの人的環境，子どもたちが属する社会や文化の習俗・習慣，倫理観や雰囲気なども含まれる。

　「環境を通して行う教育」は間接的教育であるといわれている。今，皆さんは，本書とノートを机の上に置き，教室前方の先生の話を聞くという授業を受けているのではないだろうか。先生は，本書やスライド，補助教材を使って学生の皆さんに直接に話しかけて，さまざまな知識や概念を伝えようとする。これは，日本の伝統的な教育方法の形態で直接的教育の範疇に入る。子どもたちに知識や技術を最も効率よく伝えることのできる形態で明治期に学制が施行されて以降，日本の学校現場では主流の授業形態であった。

　このような直接的教育に対して，「環境を通して行う教育」は，保育者と子どもとの間に，環境を置き，この環境が子どもを教育するという意味で間接的である。そのため保育者の役割は，このような子どもになってほしいという保育者の願いを込めた環境を用意することになる。換言すれば，保育者が一方的に何かを教えるという直接的なことはできるだけ避けて，子ども自身が「やってみたい」「学んでみたい」と思えるような環境づくり，子どもが自分で「することができる」「学ぶことができる」状況づくりに努めることになる。

　例えば，5歳児になると文字に興味を持ち始める子どもが多く出てくる。文字に興味を持ち始めたからといって，小学校で使用するようなワークブックを使ってクラスで一斉指導する中で文字の指導を行うことは，幼児期の教育ではふさわしくないとされている。なぜなら，幼児期の子どもは自分たちの現実の生活から離れた形で取り入れた知識（つまり，ワークブックで得た知識）は，

表面的で一時的な習得に終わってしまうことが多いからである。

　では，ワークブックから得た文字の知識ではなく，現実の生活の中で得た文字の知識とはどのようなものなのだろうか。筆者が幼稚園教諭をしていた頃，5歳児を担任すると，これまで文字にまったく興味・関心を示してこなかった子どもが何かのきっかけで急速に文字を覚えていく姿を目の当たりにしたことがたびたびあった。ある子どもは，お店屋さんごっこの看板づくりの中で，また別の子どもは正月前後の「大好きな〇〇さんに年賀状を出そう」という活動や郵便屋さんの配達ごっこの中で，このような姿が見られた。いずれも，遊びや活動の中で子どもが自分から「書いてみたい」「読んでみたい」という気持ちをもったときであった。このような気持ちが高まってきているときを逃さず，それが実現できるような適切な援助をしていくと，子どもが文字を吸収していくあまりの早さに毎回驚いたことを覚えている。

　このように幼児期は，自分の現実の生活を離れて知識や技術を一方通行的に教えられて身につけていく時期ではなく，現実の生活の中で興味や関心，欲求に基づいた体験を通してさまざまな力を培っていく時期といわれている。そして幼児期は，好奇心が強く，何でもやりたがり，見たがり，知りたがり，試したがり，おもしろそうなことがあれば何でも挑戦してみようとする非常に活力のある時期といわれている。環境を通して行う教育は，このような子どもの特性を活かし，子どもが周囲の環境からの刺激を受け止め，能動的に環境に関わりながら，自分たちの生活に必要な能力や態度を獲得していくことを重視している。そのため，子どもが関わりたくなるような状況が必要になってくる。子ども自身が興味や関心をもつような環境が用意されていなければならない。

　子どもの何でもやってみたい，知りたい，見てみたいという気持ちを出発点にしながら，子ども自身が環境と関わっていくことを大切にする「環境を通して行う教育」は，子どもが「さながらの生活」をしていく中で，環境の中に保育者の意図を織り込み，知らず知らずのうちに誘われて遊ぶことを重視した倉橋惣三の「誘導保育論」[注1]に通じる考え方といえる。

2節　環境を通して行う教育での指導

　子どもの能動性と，環境の重要性を強調すると，次のように誤解されることがある。「環境が子どもを教育する間接的教育なのだから，子どもの自由に任せて保育者は何もしなくてもいい」と。逆に，要領や指針の中に「指導」という言葉が使われているために，指導とは保育者から子どもに一方的な指示や強制を行うことであると。これら2つの捉え方は，いずれも誤解である。間接的教育だからといって，子どもを放任するということではない。保育者が，子どもたちの発達段階のそれぞれの時期に，「このように変容してほしい」「このような経験をしてほしい」という教育的意図を，子どもを取り巻く環境の中にしっかりと織り込むことを大切にしていくことが環境を通して行う教育である。

　また「指導」とは，保育者が子どもたちに対して一方的に働きかけたり，指示したりすることではない。子どもたちが今興味や関心を抱いているのはどのようなことなのか，子どもに今必要なことは何か，という内面理解を模索しながら子どもと関わったり，環境を整えたりすることを表す言葉である。それゆえに，ここで使われている「指導」という言葉は，「援助」という言葉に近いものである。

　そして，保育者の願いを織り込んだ環境を整えたら保育者の役割は終わりというものでもない。遊びの中で見せる子どものさまざまな姿への共感や助言も必要である。つまり，保育者の役割は環境を整えるだけではなく，環境との関わりの中で見せる姿に対して，一人ひとりの内面理解に基づいた援助を行い，必要に応じて環境を整え直すなどの保育者の営みのすべてが環境を通して行う教育である。

　遊びの中で，子どもが身近な遊具，素材などの環境に関わっている姿を詳細に観察すると，一人ひとりの子どもの年齢や経験内容の差によって，その関わり方が大きく異なることに気づく。保育者の支えがなくても自分たちの力だけで遊びを展開していく子どももいれば，保育者の援助を支えとしてようやく遊

びを展開していくことのできる子どももいる。また，同じ砂場という環境にいながら，ある子どもは山や海をつくって海賊ごっこなどの空想の世界に没頭し，別のある子どもは砂に水が染みこむ様子を科学的なまなざしでじっと見ている。

同じ砂場という環境にいながら，異なる関わりが見られる。保育者は自分が整えた同じ環境にも子ども一人ひとりによって意味が異なること＝環境の意味づけにも十分に配慮しなければならない。

3節 「応答する環境」づくり

環境を通して行う教育という間接教育が成り立つのは，環境に子どもを教育する力があることを前提にしている。この力の中で最も重要なものが，応答性という力である。

本書で学ぶ皆さんが，将来，保育の現場でクラスを任されると，ある子どもが親に連れられて1年の間に何度もテーマパークに行くことに驚くはずだ。これをリピーターと呼ぶらしい。子どもたちがそれほどテーマパークが好きなら，保育室を一歩外に出るとテーマパークという幼稚園，保育園を造ってみてはどうだろうか。一般的な園には園庭があって滑り台，ジャングルジムがあるが，その園にはさまざまなアトラクションがあることになる。皆さんは，そのような園は幼児教育の施設としてはふさわしくないと直感として感じているのではないだろうか。その直感は正しい。

テーマパークが園の環境としてふさわしくないのは，「応答性」に著しく欠けるからである。テーマパークは来園者（子ども）に対して，次から次へと光，音，映像を浴びせる。しかし，来園者（子ども）からテーマパークに対しては一切働き返すことができない。あるテーマパークには，水の中からジョーズが飛び出してくる，子どもに大人気のアトラクションがある。子どもが自宅から水着や水中メガネ，剣を持ってきて「僕が水の中のサメをやっつけてやる！」と水に飛び込むことが許されるだろうか。もちろん，許されないだろう。子ど

もは遊びを変更できない，発展もできない，よりおもしろくすることもできない。これが，一方通行の意味である。

子ども　←　テーマパーク

子ども　⇄　砂場の砂，水

　子どもとテーマパークでは，矢印が一方通行なのに対して，子どもと砂場では矢印が双方向となっている。これは，子どもが砂に働きかけると（触る，掘る，握るなど）砂も子どもに働き返す（海や山，トンネルなどのイメージを子どもに抱かせる）ということを表している。しかも，1往復ということではなく，際限なく双方向の矢印が連続しているという意味である。この連続性があればあるほど，応答性が高い環境となる。応答性が高いものとしては，他には単純な形の積み木やブロックがある。立方体や直方体，球などの単純な形だからこそ，子どもはいろいろなものにイメージを膨らませることができる。

　子どもにとって環境が応答的（双方向的）であればあるほど，子どもの遊びの意欲が高まるという効果が期待される。なぜなら，自分が働きかけたことによって，環境を変えられたという体験ができるからである。環境から応答的な反応が返ってくると，子どもはさらに環境に働きかけようとし，環境との間で活発に双方向の働きかけが繰り返される。このような体験を繰り返すことによって，子どもは自分が環境に影響を与えることができたという自己有能感や自信を得ていく。子どもの成長発達の原動力となるものである。

4節　環境に関わる力

1　五感で環境に関わる

　本書を使って授業をされている先生に対して，皆さんはどのようなイメージを抱いているのだろうか。やさしそうな先生，ちょっと怖いかな……等々，これらのイメージを形づけたのは五感（視覚，聴覚，嗅覚，味覚，触覚）の中のどの感覚を使ったからだろうか。おそらく視覚と聴覚だけではないだろうか。

先生の臭いをかごうとした人，先生を舐めようとした人，先生を触りにいった人はおそらくいないだろう。つまり，私たちは視覚と聴覚に大きく頼った生活を送りがちで，そのため，保育者は意識して意図的に五感を使うよう子どもたちに働きかける必要がある。

筆者は幼稚園教諭だった頃，海や山へ遠足に出かけた日の保育日誌に「今日は子どもたちは五感を通して自然に触れた」とよく記した。あるとき，園長が「先生，本当に五感でしたか。二感，三感ではなかったですか」というコメントが書かれていた。ほぼ慣用句，決まり文句のように「五感を通して」と書いていたためだった。かなり意識しないと使われない感覚があり，使われないと当然センサーとしての感度が鈍るということになる。二感，三感で環境に関わるのではなく，5つの感覚すべてを使って環境に関われるような保育者の援助が必要である。

2　センス・オブ・ワンダーで環境に関わる

センス・オブ・ワンダーとは，レイチェル・カーソンが提唱した自然の神秘さや不思議さに目を見張る感性のことで，『センス・オブ・ワンダー』という本の書名ともなっている。

> 子どもといっしょに空を見あげてみましょう。そこには夜明けや黄昏の美しさがあり，流れる雲，夜空にまたたく星があります。
>
> 子どもといっしょに風の音をきくこともできます。（中略）そうした音に耳を傾けているうちに，あなたの心は不思議に解き放たれていくでしょう。
>
> 雨の日には外にでて，雨に顔を打たせながら，海から空，そして地上へと姿をかえていくひとしずくの水の長い旅路に思いをめぐらせることもできるでしょう。（中略）
>
> さらに，台所の窓辺の小さな植木鉢にまかれた一粒の種子さえも，芽をだし成長していく植物の神秘について，子どもといっしょにじっくり考える機会をあたえてくれるでしょう。（カーソン，1996，pp. 26-27）

この一節に「雨の日には外に出て」とある。保育者の多くは，散歩は晴れの日に行くものという固定観念があるが，一度，子どもたちを雨の日の散歩に連れ出してはどうだろう。傘をさしていても雨粒が手足にあたる感触，傘に雨粒があたる音，雨の雑木林の独特の匂い，そして姿を変えていくひとしずくの水の長い旅路に思いを巡らせる。私たちが求める子どもは，雨の日には外に出たがらない子どもなのだろうか。それとも，レイチェル・カーソンが記すように，姿を変えていくひとしずくの水の長い旅路に思いを巡らせることのできる子どもなのだろうか。

3 子どもの「なぜだろう？」に付き合う

五感を働かせて環境に関わり，センス・オブ・ワンダーの感性で環境を捉えるようになると，子どもに芽生えた好奇心が，「なぜだろう？」という探究心へと変わっていく。このように，好奇心を探究心へと育むのに自然の果たす役割は大きい。

しかし，なかなか自然に関わろうとしない子どもが近年増えてきているという。例えば，春にレンゲ畑に散歩に出かけたとする。遠くから見るレンゲ畑は一面ピンクの絨毯のようで子どもたちは大喜びである。しかし，レンゲ畑に到着して畑の中に入ろうとすると「入りたくない」「靴が汚れるから嫌だ」という子どもが出てくる。遠くから見ると一面ピンクだが，側で見ると田んぼの黒い土の方が目立つためだ。小さいときからずっと周りの大人から禁止されてきたのだろう。だからこそ，自然という環境に関わると「なぜだろう？」「おもしろいな」ということがいっぱいあることに気づき，自分から少しずつ関われるように仕向けたい。

そのためには，子どもの発見や驚きに共感してくれる大人の存在が重要である。保育者は，子どもが自ら進んで環境に関わり，じっくりと取り組むことのできる場と時間を用意することが大切である。さらには，子どもの発見や驚きに共感してくれる保育者とともに共感してくれる仲間という存在も重要となってくる。

5節 ふさわしい環境を構成するための視点

1 生活の場としての環境

　子どもが身近な環境に積極的に関わって主体的に生活を展開していく力を育てるためには，保育の場が子どもにとって安心して生活できる，安全で保健的な環境であることが絶対に必要である。また，子ども自らが自発的に関わりたくなるような，子どもの興味・関心が触発され，それまでの経験で培われた能力を十分に発揮できるような，魅力的な環境を構成することが必要である。

　その上で，子どもの遊びには1日で終わるものもあれば，数日間続く遊びもある。保育者は子ども一人ひとりの状態や望ましい育ちの方向性を見極めながら環境を構成する必要がある。

　また，季節の変化や行事などに応じた環境構成も必要であろう。

2 雰囲気ということ

　園の環境というとすぐに物的環境をイメージすることが多く，忘れがちなのが雰囲気である。校風，家風，社風という言葉があるように，園の中を漂っている雰囲気「園風」である。ゆったりと時間が流れていく園か，細切れに忙しく1日が過ぎていく園なのか。また，子どもにかなりの自由さが認められて少々のことは許されている園なのか，逆に保育者の禁止が多くピリピリとした空気の園なのか，このような園の雰囲気は内部の人間にはわからないため，外部の人間の意見を求めてよりよいものにしていくしかないが，温かく親しみやすい雰囲気と生き生きと活動できる場であることが求められる。

3 心理的な原則

　無藤（1991）は環境を構成する心理的な原則として次の3つを挙げている。

（1）分節する空間

　広々とした空間よりも，視線の遮られる隠れられる空間で子どもたちは喜ん

で遊ぶため，保育者の目の行き届きにくい空間をあえて構成すべきであるというものである。

(2) 変貌する空間

保育室内のレイアウトが1年間ずっと同じで変わらない，変えないというのではなく，必要に応じて変貌させていくことが大切としている。

(3) 構成する空間

環境を保育者が子どもに与えるものというだけでなく，子ども自身が自ら環境を構成していくことができる空間であることが必要であるという。

4 人的環境としての保育者

(1) 子どもにとってモデルとしての保育者

保育者の言動や生活する姿が，子どもにストレートに反映することは保育現場ではよくみられる。保育者が率先して遊びに加われば，子どもの興味を刺激し，活動の範囲を広げることがある。子どもの主体性はもちろん尊重するが，保育者が加わることでその遊びが活性化し，新しい展開が生まれるという場合もある。ただし，これらは子どもが保育者を信頼し憧れるという関係性が大前提である。

(2) 心の拠り所としての保育者

園内の人的環境の中で子どもにとって最も影響を与えるのが保育者であろう。入園，進級，転園などの時期では，特に保育者は子どもにとって安定する心の拠り所としての役割を果たすことが求められる。また，子どもが毎日の生活の中でさまざまなトラブルに遭ったとき，不安や不安定な心理を和らげてくれるのが保育者という存在である。そのためには，子どものよさを認めて，一人ひとりの子どもに心を砕くことが必要である。

(3) 子どもの理解者としての保育者

保育者は子どもと一緒に生活や遊びをともにする中で，一人ひとりの子どもの興味・関心や課題を読み取り，子どもの中に育ってきたもの，次の育ちの課題を理解しようとする姿勢が必要である。このような子どもの内面理解が保育

の基盤となる。

　幼児期には幼児期特有の感性がある。たとえ優しい口調であったとしても，子どもは自分の感性や喜び，発見を否定されれば心を閉ざす。あるがままの自分を受容し，共感してくれる保育者に対して，子どもは心を開くのである。

（4）見守る援助者としての保育者

　援助というと子どもに直接に働きかけるというイメージを抱く学生が多いが，子どもが遊びに夢中になっているときに保育者が不用意に働きかけると，遊びを邪魔してしまうこともある。そのため，子どもの遊びを側から暖かく見守るという援助が必要となってくる。

（5）直接援助する保育者

　見守るだけでは，子どもを育てることはできない。ときには直接に働きかけることも必要である。ただし，直接援助の場合も，子どもの自主性を損なわないように努めることを忘れてはならない。例えば，遊びが深まっていなかったり，課題を抱えたりしている場合は，「話し合い」をして解決の方法を探るという「さりげない」援助も必要となるだろう。

（6）環境を再構成する保育者

　環境を一度構成したら，あとは子どもの活動の展開に任せるのではなく，子どもの活動する姿や状況に応じて再構成したり，見直したりしていくという姿勢が重要である。保育者が子どもの遊びに加わることで，遊びや活動が活性化し，一緒にできるという楽しさから，さらに新しい発見や活動への集中を生むことにつながる場合がある。

　以上のように，人生の模範を指し示す人的環境としての保育者は，子どもの主体的な活動にさまざまな役割を持って関わることにより，子どもの人間形成に大いに貢献できるのである。

注1　誘導保育論とは，子どもの「さながらの生活」の中で自由に利用できる設備で遊ばせ，無心にのめり込もうとする心が満たされた状態，つまり「自己充実」に達することを重視し，その際に自分ではできないところを指導する「充実指導」をし，それら一連の遊びや生活の流れを系統づけることが「誘導」で

あり，最後に疑問を持った子どもに少しだけ教えることが「教導」であるという一連の考え方である。

参考文献

小田豊　新しい時代を拓く幼児教育学入門——幼児期にふさわしい教育の実現を求めて　東洋館出版社　2001
倉橋惣三　育ての心（上）（下）　フレーベル館　2008
倉橋惣三　幼稚園真諦　フレーベル館　2008
久富陽子・梅田優子　保育方法の実践的理解　萌文書林　2008
無藤隆　園は子どもの宇宙である　発達　47　ミネルヴァ書房　1991
無藤隆　幼児教育の原則——保育内容を徹底的に考える　ミネルヴァ書房　2009
カーソン，R. L. 著　上遠恵子訳　センス・オブ・ワンダー　新潮社　1996

6章　遊びによる総合的な指導

　保育は，乳幼児期の特性から，遊びを通して総合的に行われることが基本とされている。そしてまた，平成29年告示の幼稚園教育要領・保育所保育指針・幼保連携型認定こども園教育・保育要領の改訂（定）では，幼稚園，保育所，幼保連携型認定こども園が幼児教育施設として位置づけられ，幼児教育が小学校教育につながっていくことが明確になった。
　一方で，保育・幼児教育は「環境を通して行うもの」であることは変わらず3法令ともに総則に示され，「遊びを通して」の総合的な指導を行うことが規定されている。小学校教育との関連は以前よりも強固に示されつつも，小学校以降の教育とは依然明らかに異なっているのである。
　保育・幼児教育に携わっていない教員が保育を見ると，「いつ保育が始まるのかがわからない」という声がよく聞かれる。デイリープログラムやルーティ

※写真と本文の内容は直接的には関係ありません。

ンはあるものの，小学校のように，チャイムが決まった時刻に鳴り，時間割どおりに「国語」や「算数」の授業が始まるわけではない。保育・幼児教育では，園生活全体を通してすべての環境が，人も物も含めて潜在的な教材となり，保護者とともに通う道での経験や，通園バスの中での歌を歌う活動も保育となりうる。小学校教育では教科書や黒板や資料などが教材となるが，幼児教育では積み木や絵本などのわかりやすい教材に限らず，園庭にあるあらゆる自然物や身の回りに起こる自然現象，近隣の産業や人々，ともに遊んだりいざこざをしたりする仲間も教材である。そしてそれらの教材を用いた遊びは，すべてが彼らの学びとなるのである。

　本章では，新たに示された「育みたい資質・能力」，そして「幼児期の終わりまでに育ってほしい姿」を軸に，小学校以降のような教科指導で育むのではなく，幼児の自発的な活動である遊びや生活の中で，3法令の第2章「ねらい及び内容」で示される5領域の見方や考え方をどのようにしていけばよいのかを探っていきたい。

1節　育みたい資質・能力

　3法令において，生きる力の基礎を育むために，「育みたい資質・能力」をこの時期の特性，教育・保育の基本を踏まえ，一体的に育むよう努めることが規定された（保育所保育指針では総則の4「幼児教育を行う施設として共有すべき事項」，幼保連携型認定こども園教育・保育要領では総則の3「幼保連携型認定こども園の教育及び保育において育みたい資質・能力及び『幼児期のおわりまでに育ってほしい姿』」）。その内容は以下の3つの柱としてまとめられている。

(1)「**知識及び技能の基礎**」：（遊びや生活の中で）豊かな体験を通じて，何を感じたり，何に気づいたり，何がわかったり，何ができるようになるのか

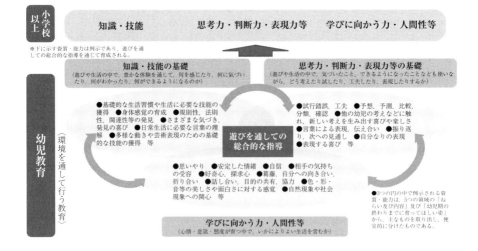

図6−1　幼児期に育みたい資質・能力の整理
（文部科学省「幼児教育部会における審議の取りまとめ」（平成28年8月））

(2) 「思考力，判断力，表現力等の基礎」：（遊びや生活の中で）気づいたこと，できるようになったことなども使いながら，どう考えたり，試したり，工夫したり，表現したりするか

(3) 「学びに向かう力，人間性等」：心情，意欲，態度が育つ中で，いかによりよい生活を営むか

　そしてこれらの資質・能力は，小学校に限らずその後も通して伸びていくと考えられるが，幼児期については，この時期の特性から特に，それぞれ独立しているのではなく，相互に関連・作用しながら成立するものである。子どもの自発的な活動である遊びを中心としながら，その中で感性を働かせて美しさを感じたり不思議さに気づいたり，できるようになったことを使いながら試行錯誤したりしながら育まれていく。小学校以降になると，この資質・能力は「知識及び技能」「思考力，判断力，表現力等」「学びに向かう力，人間性等」と発展していく。つまり，その構造は，文部科学省幼児研究部会が報告したように，図6−1のようなものとなる。

改定法令に「資質・能力」という言葉が登場したことに，違和感を覚えた読者もいたかもしれない。しかし，この時期に育みたい資質・能力は，小学校以降のような，いわゆる教科指導で育むのではなく，あくまでも幼児の「自発的な活動である遊びや生活の中で」，上述したようなことを経験していくことが基本である。例えば，積み木遊びをしながら，高く積むために試行錯誤することが思考力，積み木を片づける際に決められたスペースにうまく収めるために形を考えて並べる行為が，形や角度などの知識の基礎となりうる。身につけた知識や思考力を使ってさらに何かを構成しようとしたり友だちと相談し協力することが，学びに向かう力，人間性等に発展しうる。例えば，園庭で自然のものを使って色水遊びをするとしよう。以前作ったきれいな色水を思い出し，どの草花をどれくらい使い，また水をどのくらい使うのか，どの道具を使うかを振り返って，予想したり試行錯誤したりするかもしれない。保育者が色水に加えた柑橘の汁によって起こった色の変化に驚き，またやってみたいと思ったり，その法則に気づくかもしれない。このように，一つの遊びにおいても，資質・能力のさまざまな面が関連しながら伸びていくと考えられる。

　これらの資質・能力は，これまでの5領域の枠組みで育んでいくことも可能である。平成29年告示の改訂（定）でも，保育の内容は心身の健康に関する領域「健康」，人との関わりに関する領域「人間関係」，身近な環境との関わりに関する領域「環境」，言葉の獲得に関する領域「言葉」，感性と表現に関する領域「表現」としてまとめられている。これまでと同様，何らかの活動で個別の領域だけが達成されることが目指されているのではない。例えば鬼ごっこをしながら健康面が育ったり，友だちと協力したり競い合ったりして人間関係の面が育ったり，外を走り回りながら周囲の環境の特性に気づいたりすることが求められているのである。遊びを通しての総合的な指導の中で，「知識及び技能の基礎」，「思考力，判断力，表現力等の基礎」，「学びに向かう力，人間性等」が育まれていくことが求められているのである。

2節 育ってほしい10の姿

　前述のように,「ねらい及び内容」にこれまでどおり5領域の視点が示されているが,3法令の総則の中でもこれまでの5領域の内容を10に整理した「幼児期の終わりまでに育ってほしい姿」が示された。これは,「ねらい・内容」に基づく活動全体を通して資質・能力が育まれている幼児教育の修了時の具体的な姿であり,その内容は図6－2のようなものである。それぞれの項目を以下に詳しく考えていきたい。(13章,表13－1も参照)

1　健康な心と体

　これは,領域「健康」の内容を表している。例えば,園庭で鬼ごっこなどをしながら思い切り走り回って遊び,部屋に戻ったら給食やお弁当に向けて自分から手を洗ったりうがいをしたりする等が当てはまるだろう。

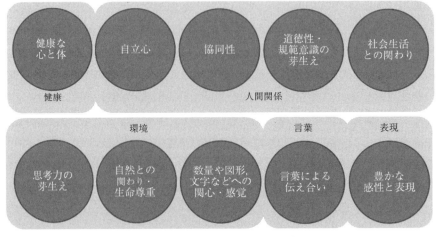

図6－2　幼児期の終わりまでに育ってほしい10の姿
(文部科学省「幼児教育部会における審議の取りまとめ」(平成28年12月)より筆者作成)

2 自立心

　この内容は主に領域「人間関係」の内容を表している。しかし「人間関係」に限らずに，幼児教育の中で核となる，前節で示した「学びに向かう力」と結びついている部分でもある。OECD 国際レポート（OECD, 2015）でも報告されたように，これまでも幼児教育で重視されてきたものであるが，近年「社会情動的スキル」の重要性が「非認知スキル」として注目を集めている。興味のあることをやるだけではなく，ときにうまくいかないこともどうしたらできるのかを考えながら，自身の力を使って「やり遂げる」ことが必要になっていく。砂場にダムをつくる遊びをしながら，水が思うように溜まらないことや，砂山が崩れて思い通りの構造に成型できないことの問題に直面するかもしれない。お店屋さんごっこの商品作りが，単調で飽きてしまうかもしれない。そのような中で，自分自身で興味を持って選んだ遊びを，自分を励ましながら諦めずに目的を達成しようと工夫し頑張り，苦労したからこそその充実感を得ていくのである。

3 協同性

　領域「人間関係」に関わる内容である。内容の取り扱いにおいて，「幼児が互いに関わりを深め，協同して遊ぶようになるため，自ら行動する力を育てるようにするとともに，<u>他の幼児と試行錯誤しながら活動を展開する楽しさや共通の目的が実現する喜び</u>を味わうことができるようにすること」と記されている（下線は筆者）。例えばお店屋さんごっこをするときに，どんな店にするのか，商品はどうするのか，宣伝は必要かなど，仲間同士で話し合い，店の様態や役割についての思いを共有し，より本格的なお店を運営するという共通の目的に向かう姿が見られるかもしれない。

4 道徳性・規範意識の芽生え

　「人間関係」の内容の取り扱いの中では，道徳性の芽生えと規範意識の芽生えが挙げられている。仲間との遊びでは，葛藤も経験するが，それを乗り越え

る中で自分とは異なる他者の視点に気づき，思いやりの気持ちが芽生えてくる。他の人に対してしていいことといけないことを実体験から学び，明日も明後日も続いていく仲間関係を維持するには，互いに主張するだけでなく，相手の思いを尊重するために自分の気持ちを調整したり，決まりが必要であることに気づいていく。また，福元真由美・柴山真琴・広瀬美和（2009）は，保育者が葛藤への介入の際に，「相手の気持ち」に言及することが少なくないことを指摘している。ぶつかったり，保育者の援助によって相手の気持ちへの気づきから思いやりへと発展していくよう普段の保育の中で努められていると言えよう。

5　社会生活との関わり

　領域「人間関係」の内容の取扱いにおいて，高齢者など地域のさまざまな人々との触れ合いや，家族の愛情について述べられている。家族のサイズが小さくなり，そこから派生する地域とのつながりもますます減少してきている。しかし，子どもたちの生活する地域にはさまざまな年齢の人々が暮らし，またさまざまな立場の人々によって地域が成り立ち支えられている。遠足などの行事で専門的な仕事をする人と触れ合い，職業について知るかもしれないし，登園のときに見守ってくれる地域の高齢者に親しみを持つかもしれない。行事で公共の施設を利用し，共有のものは大切に扱わなければならないことや，ともに使う人に配慮が必要であることを知るかもしれない。これらの経験が，愛情が育つだけでなく自身も地域の一員であることの意識の芽生えにつながったり，小学校以降に社会の仕組みを学ぶときに活用される経験となることが期待される。

6　思考力の芽生え

　領域「環境」では，周囲のさまざまな環境に好奇心や探求心を持って関わり，それらを生活に取り入れていこうとする力を養うことが目指されている。園庭で野菜などの植物を栽培していたら，花が咲いたりしおれたりする問題に直面し，考え工夫する必要が出てくるだろう。野菜が実ったり色づく様子を不思議

に感じたり疑問に思ったりするかもしれない。こうした気づきや困難への直面，問題解決の中で，自ら考える気持ちが育ち，アイデアが生まれる喜びを味わい，そのことがその後の科学的な思考へと展開していくのではないだろうか。

7 自然との関わり・生命尊重

　身近な環境の中にある自然は，子どもにとって好奇心や探求心をかきたてる要素にあふれている。季節によって木の生い茂り方は変化するし，夏にしか見られない昆虫がいたり，寒くならないと雪は降らなかったりする。自然の美しさに心が動かされることもあるし，自然の大きさが驚異となることもある。生き物は大切に扱い世話をしないと命が失われ，悲しみも経験する。飼育動物に新たな命が生まれる喜びも経験するかもしれない。自然の不思議さへの好奇心が思考力の基礎となり，自然や命の尊さが，情緒の安定や感性へとつながるだろう。子どもたちが十分に好奇心や探求心を発揮し，感性が刺激される環境の工夫が必要である。

8 数量や図形，標識や文字などへの関心・感覚

　幼児期の子どもたちは，黒板や教科書からではなく，身の回りの環境の中にある文字や数などによって関心や感覚が育っていく。かくれんぼをするときに数を数える必要が出てくるかもしれないし，お店屋さんごっこでお金を作ったり，宣伝の看板を作ったりするかもしれない。積み木を片づけるときに三角柱の積み木同士を組み合わせたら四角柱になってきれいに収められることに気づくかもしれない。ままごと遊びをしながら，道具のしまってある棚に貼られたラベルシールに興味を持つかもしれない。友だちに手紙を書くために友だちの名前を書けるようになりたいと思うかもしれない。重要なことは，たくさん覚えていくことではなく，日常生活・遊びの中で自然に接してなじみ，また必要と感じるから知りたいと感じる，芽生えがあるかということである。

9 言葉による伝え合い

これは，領域「言葉」の内容を表している。言葉は，身近で重要な他者，初めは養育者と接する中で応答し合い，獲得されていく。ただし家族の中では，多くの場合，言葉が足りなくても年長者が意図をくみとってコミュニケーションが成立している。子どもたちは，幼稚園などの同レベルの仲間集団に参入し，意図を理解したり相手に適切に伝える努力を強いられる経験をする。集団の生活を送るためには，保育者の話を注意深く聞かなくてはならないし，仲間と遊ぶときには主張し交渉し，また互いの意図や情報を共有する必要がある。しかし，保育者が語る物語を注意深く聞くことは楽しい作業であるし，保育者に援助されながらも仲間に自分の思いが伝えられることは喜びとなるだろう。自然を探求するときに仲間と話し合うことでいっそう知識が増えたり，さらに思考することが動機づけられるかもしれない。周囲との関わりの中で，聞くこと，伝え合うことを楽しめるような援助が求められるだろう。

10 豊かな感性と表現

これは，主に領域「表現」の内容を表している。子どもたちの表現はまだ言葉を中心としたものとは限らない。身近な自然などに触れて美しいと感じたり驚異を覚えたりして感性が刺激され，感動したことがさまざまな形で表現される。歓声や，身体的な動作かもしれないし，造形や音楽によって表現するかもしれない。また，それらを表現し，周囲と共有することが喜びにつながり，さらなる表現の意欲となりうる。保育者は，表現技術の上達を求めるのではなく，楽しさを身体のリズムで表現したり，仲間との音の共鳴を楽しむような歌を歌ったりという活動を保障し，子どもたちの表現する意欲を受容する関わりをする必要がある。

以上のような「幼児期の終わりまでに育ってほしい姿」は，5領域の内容等を踏まえて示されている。すぐに達成されることが求められているわけではなく，5歳児の後半，就学までにねらいを達成することがイメージされている。

ただし，これらは個別に指導されることを想定してはいない。幼児教育は環境を通して行うことが基本であり，その環境に関わる幼児の自発的な遊びを通して総合的に指導され育っていくことが求められている。

また，5歳児の終わりに育っているということは，3歳児，4歳児またはそれ以前においても，これを念頭に置きながら，見通しを持って保育が行われ，その積み重ねによってこのような姿につながっていくことが望まれると言えよう。

3節　遊びを通して行うことの意味

保育・幼児教育は，自発的な活動としての遊びを通しての総合的な指導と繰り返し強調されてきているが，それはなぜだろうか。それは，乳幼児期の発達的な特徴と遊びという行為にある効用と関連していると考えられる。

ピアジェ（Piaget, J., 1986 〜 1980）の認知発達に関する理論によると，感覚器や全身運動，または知覚的な特徴から離れて思考するようになるのは児童期以降である。乳幼児期の子どもは心身全体を使って実体験しながら，さまざまな能力が相互に関連し合いながら総合的に発達しているからである。

また，遊びには，さまざまな効用がある。遊び，特に運動遊びや競争遊びには「挑戦」を満足させる心理的側面があり，親しい者同士での競争における，親和性に裏打ちされた軽微な反発性や，その「挑戦」から得られるスリルはさらなる身体遊びを動機づける大きな力となることを根ヶ山光一（根ヶ山, 2002）は指摘している。遊びは，さらなる自発的な遊びを動機づける効用がある。

遊びの場面では，幼児期の子どもには「自己中心性」と呼ばれる特徴があり，他の子どもとイメージを共有したり他の子どもの意見を取り入れたりすることが難しく，しばしばいざこざが発生する。しかし，その中で自己主張したり，相手の気持ちに共感したり，社会的なルールの重要性を理解したりしてコミュ

ニケーションスキルを高め，集団生活に必要な社会的コンピテンスを身につけていくことが期待できる。つまり，遊びには，前節で述べたような協同性や言葉での伝え合い，あるいは他者の思いに気づくことから道徳性や規範意識の芽生えといった，さまざまな育ちの要素が含まれている。

　例えば，倉持清美は，新しいメンバーがごっこ遊びに仲間入りする際には，すでに参入しているメンバーからその遊びの設定や役割の説明が多くなされることを指摘している（倉持，1994）。そのようなやり取りを行うことにより，共通したフレーム（設定）やスクリプト（展開の知識）を持つことができ，ごっこ遊びが大きな破綻をきたさずに展開されていく。つまり，ふり遊びやごっこ遊びが成立するためには，役割として発せられるインフレーム発話とともに，役割からいったん離れ，設定などを調整し合う，アウトオブフレーム発話が必要となる。すなわち，メタコミュニケーションが強いられる。例えば，「おうちごっこ」をしながら「ここは台所だということにしようね」「〇〇ちゃんは赤ちゃん役だから，ここで寝ててね」など，滞りなくその「ごっこ」を遂行できるように，役柄から離れてその子ども自身として伝達し調整する発話を指している。「心の理論」研究（Premack & Woodruff, 1978）でいうところの誤信念課題に優れている幼児は，ふりやごっこ遊びの中の設定発話が多いことをアスティントンとジェンキンス（Astington & Jenkins, 1995）は指摘している。ごっこ遊びにはこのように学びの要素が含まれている。特に複数人が参加するごっこ遊びは，各々が役割を分担し他者のイメージを了解し，また自己のイメージを了解させる認知能力と伝達能力が求められるため，特にコミュニケーションスキルの発達にとって有用であると高橋たまき（高橋，1989）は指摘している。

　また，幼稚園や保育園では，集団生活を送ることになるが，そこでの遊びや生活の中で子どもたちは仲間関係を形成する。ハータップは，仲間関係には子どもの社会化にとって次の4つの役割があることを指摘している。すなわち，(1) コミュニケーションスキルや共同，仲間入りなどの基本的なスキルを獲得する社会的文脈としての働き，(2) 他者についての知識に加え，自分につ

いての知識を獲得していく情報源としての働き，（3）楽しみ，悩みを解決する情動的・認知的資源としての働き，（4）相互的な自制や親密性を模倣することによる，対人関係の先駆けとしての働きである。このように，子どもたちは仲間同士で遊ぶことによって協力したり相手を思いやったり，自分の役割を考えたりといった，社会的ルールを守ることの意味を学んでいく。こうした社会的経験は，子どもの社会的な発達にとって重要な役割を果たすと考えられている（Hurtup, 1992）。

　第1節で述べた幼児教育において育みたい資質・能力，第2節で述べた育みたい10の姿は，このような遊びを通しての総合的な指導の中で一体的に育んでいくものである。また，第2節で述べたように，OECD国際レポートにおいて，「社会情動的スキル（目標達成，他者との協働，情動の制御）」の重要性が指摘されている。小学校教育への移行を見通して，共通した枠組みを用い，幼児教育の修了時として「幼児期の終わりまでに育ってほしい姿」として示されているが，これらの学び，育ちの原動力となり維持し発展させる力となる社会情動的スキルも，この中に含まれている。無藤隆（無藤，2001）は，社会情動的スキルの一つである自己の情動を抑制，制御するスキルについて以下のように指摘している。「ただ，我慢すればその力が育つわけではなく，自己発揮して周りの物事に積極的に関わり，そこでの変化に敏感に開かれていく感性の育ちが必要であり，自分の思いの実現のためには時間をかけ，時に遠回りしていかなくてはならないことを身に染みてわかることで育っていくのである」。

　本章で述べてきたことを，遊びという自発的な実体験を通して育て，それ以降の子どもの生活につなげていかなくてはならない。

参考・引用文献

Astington, J. W., & Jenkins, J. M., "Theory of mind development and social understanding." *Cognition and Emotion*, 9, 1995. pp. 151-165.

Hurtup. W. W., "Peer relations in early and middle childhood. " In V. B. Van Hasselt & M. Hersen Eds., *Handbook of social development: lifespan perspective*. Plenum Press, 1992, pp. 257-281.

Premack, D. & Woodruff, G., "Does the Chimpanzee have a theory of mind? " *The Behavioral and Brain Sciences*, 1, 1978, pp. 515-526.

OECD 国際レポート（Skills for Social Progress：The Power of Social and Emotional Skills）　OECD Publishing　2015

倉持清美　「就学前児の遊び集団への仲間入り過程」　発達心理学研究　5　1994　pp. 137-144

高橋たまき　想像と現実──子どものふり遊びの世界　ブレーン出版　1989

根ヶ山光一　発達行動学の視座──〈個〉の自立発達の人間科学的探究　金子書房　2002

福元真由美・柴山真琴・広瀬美和　幼稚園児の葛藤処理方略の発達過程（3）──保育者の介入について　2009　日本乳幼児教育学会第19回大会発表論文集

無藤隆　知的好奇心を育てる保育──学びの三つのモード論　フレーベル館　2001

文部科学省　幼児教育部会における審議の取りまとめについて（報告）　2016（http://www.mext.go.jp/b_menu/shingi/chukyo/chukyo3/057/sonota/1377007.htm）（2017年8月1日閲覧）

7章　多様な子どもたちが共生し，包摂される保育

1節　多様な子どもたちが共生し，包摂される保育の理念

1　盲人の国に迷い込んだヌメスの物語

　本章でとりあげるのは，特別な配慮を必要とする子どもたちを含めて「多様な子どもたちが共生し，包摂される保育」のあり方についてである。その前提を確認する上で，『盲人の国』という物語が参考になる[注1]（ウェルズ，1970）。
　主人公のヌメスは，アンデス山脈の奥深い谷間の村に迷い込んだ。外界から切り離されたその村では，かつて視覚が失われる病が流行し，すべての村人が盲人となっていた。ヌメスはその状況を知り，視覚を有する自分こそ村を支配できると考え，見えるということの優位性を村人に主張するが，まったくその意味が伝わらない。村人たちは視覚を失って久しく，「見る」という言葉自体

※写真と本文の内容は直接的には関係ありません。

も消滅していたのである。結果的に，村人たちは誰一人としてヌメスの主張を理解することができず，よくわからないことを強弁し続ける，まだ心ができていない不完全な存在としてヌメスを扱うようになっていった。

その後，ヌメスは，村での生活に多くの困難を経験していくこととなる。なぜなら，村での生活環境は，聴覚や触覚，嗅覚を認識の手段としてデザインされており，視覚に頼ってきたヌメスにとっては不都合なものであったからだ。ヌメスは自らの無力さを知り，盲人の村の民となることを決心した。

やがて，ヌメスは村の娘であるメディナ・サロテと恋に落ちた。しかし，周囲は眼球という物体を持つヌメスとの結婚に反対した。彼女の父親は，ヌメスも眼球を取り除けば脳が正常になるという医者の診断に従って，彼に手術を勧めた。ヌメスの気持ちは揺れ続け，視覚を失うことへの悩みを深めるが，最終的に盲人の村から脱け出すことを選択するに至った。

この物語は，私たちに共生と包摂の難しさを教えてくれる。問題は，視覚の素晴らしさを伝えることができず，眼球を除去する手術を受けることもできなかったヌメスにあったのだろうか。あるいは，晴眼者にも豊かな文化があることに気づけなかった村人たちにあったのだろうか。乗り越えるべき問題を特定の個人に帰属させようとすると，いずれかの文化や価値観が否定され，すべての登場人物が共生し，包摂される物語にはならないことに気づくだろう。晴眼者のヌメスと盲人の国の村人たちとが共生する物語へと書き換えるためには，互いを尊重し合い，互いに学び合うといった「関係」，そして，互いの文化が共有され，交わりながら構成される新しい「環境」が必要なのである。

2　特別な配慮を必要とする子どもたち

子どもたち一人ひとりの成長と発達を支える保育を実現するためには，それぞれに異なる子どもの状態を丁寧に把握し，きめ細かな関わりへとつなげていくことが求められる。特別な配慮を必要とする子どもたちを含めた保育ならば，なおさらである。

ところで，ここで言う「特別な配慮」とは，2017（平成29）年3月に告示

された幼稚園教育要領，保育所保育指針，幼保連携型認定こども園教育・保育要領のいずれにおいても用いられた新しい表現である。より具体的には，「障害のある子どもたち」や「海外から帰国した子どもたち」，「日本語の習得に困難のある子どもたち」を念頭に置いている（文部科学省，2017；厚生労働省，2017；内閣府・文部科学省・厚生労働省，2017）。

　さて，あなたは保育者として，特別な配慮を必要としている子どもたちにどのような配慮をもって関わろうとするだろうか。

　この「特別な配慮を必要とする」という表現からは，保育所や幼稚園等での生活において何かが〈できない〉，困難に直面してしまいがちな子どもたちの姿が連想されるかもしれない。そして，私たちは，何かが〈できない〉相手を目の前にしたとき，それに対して〈できる〉ということをより望ましい状態として想定しがちである。〈できない〉相手も，みんなと同じく〈できる〉ようにと配慮して関わろうとするのも自然なことであろう。

　しかし，ここで言う「特別な配慮」とはそれだけで十分なのだろうか。先ほどの『盲人の国』の物語を思い出そう。多様な子どもたちが共生し，包摂される保育の実現のためには，〈できない〉子どもに他の子どもたちと同じく〈できる〉ようになることを求めるだけでなく，互いを尊重し，互いに学び合う「関係」，そして，それを可能にする新しい「環境」を構成していくといった実践的な配慮が求められる。多様な人々が共生する社会の創り手となるための基礎をすべての子どもたちに培っていくためにも，何よりもまず私たち自身の意識と姿勢が問われていると言える。

3　共生社会とインクルーシブ教育

　以上のような考え方の土台には，多様な人々がともに生きていく「共生社会」と，その形成を支える「インクルーシブ教育」という理念が息づいている。

　文部科学省（2012）によれば，「共生社会」とは，「これまで必ずしも十分に社会参加できるような環境になかった障害者等が，積極的に参加・貢献していくことができる社会」であり，「誰もが相互に人格と個性を尊重し支え合い，

人々の多様な在り方を相互に認め合える全員参加型の社会」であると定義される。

　この共生社会の形成において重要な意味を持つ理念が，「インクルーシブ教育」という理念とその実践である。1994 年にユネスコとスペイン政府によって開かれた「特別なニーズ教育に関する世界会議」で採択されたサラマンカ宣言では，インクルーシブ教育の中心的な原則として「身体的，知的，情動的，社会的，言語的，その他の状態に関わりなく，すべての子どもたちを受け入れる」こと，「すべての子どもたちは一人ひとりが固有の特性，興味・関心，能力，学ぶことへのニーズを持っており，そのことを考慮した教育が計画され，実践されなくてはならない」こと，そして，そのように構成された環境の下，「すべての子どもたちは，何らかの困難を抱えようとも，互いに違いが存在していようとも，最大限，共に学び合うべきである」ことが表明された。

　その後，2006 年の第 61 回国連総会において「障害者の権利に関する条約」が採択され，インクルーシブ教育の実現・拡充に向けた条件整備も世界的に進展していった。日本においても，2012 年に公表された中央教育審議会初等中等教育分科会「共生社会の形成に向けたインクルーシブ教育システムの構築のための特別支援教育の推進（報告）」において，インクルーシブ教育を具体化するシステムが「人間の多様性の尊重等の強化，障害者が精神的及び身体的な能力等を可能な最大限度まで発達させ，自由な社会に効果的に参加することを可能とするとの目的の下，障害のある者と障害のない者が共に学ぶ仕組み」と定義され，それと合わせてそれぞれの障害者に必要な「合理的配慮」を個別に提供する必要性も確認された。

　子どもたち一人ひとりを大切にし，同じ場でともに学び合うことを追求していくことが，すべての人々の自立と社会参加を保障する共生社会の形成につながっていく。そのためには，私たち一人ひとりの意識や姿勢にとどまらず，保育・教育のあり方そのものを問い直していく必要がある。これが，「共生社会」と「インクルーシブ教育」という理念に込められたメッセージである。

　以上の議論を踏まえながら，次節からは「海外から帰国した子どもたち」や

7章　多様な子どもたちが共生し，包摂される保育　　**95**

「日本語の習得に困難のある子どもたち」「障害のある子どもたち」をめぐる保育のあり方について考えを深めていこう。

2節　多文化保育──外国につながる子どもたち

1　外国につながる子どもたち

　さて，「海外から帰国した子どもたち」や「日本語の習得に困難のある子どもたち」を含めた保育のあり方を考えていくにあたって，本節では「外国につながる子どもたち」という表現を用いる。

　なぜならば，ここで想定されている子どもたちもまた多様だからである。日本国籍の子どももいれば，外国籍の子どももいる。日本語が母語である場合もあれば，第二言語である場合もある。日本で生まれ育って日本語が母語である外国籍の子どももいれば，逆に外国で生まれ育ち日本語が母語ではない日本国籍の子どももいる。在留外国人の場合も，その在留資格は一様ではない。オーバーステイが明るみになることを避け，届出が一切出されずに無国籍状態にある子どもたちも存在している。このように「外国につながる子どもたち」は決して一括りにはできない現実があることを確認した上で，全体像をみていこう。

　2015年末現在，国内の在留外国人数は203万3658人で，前年末に比べ11万358人の増加（5.2％増），そのうち0歳から5歳までの乳幼児は9万152人に達している（法務省『在留外国人統計』，2016）。そのうち，国籍・地域別には中国が最も多く全体の37.5％を占め，次いでブラジル（13.0％），韓国・朝鮮（10.6％），フィリピン（9.3％），ベトナム（4.6％）と続く。都道府県別にみると東京都が20.7％と最も多く，愛知県（12.0％），神奈川県（10.0％），埼玉県（8.5％），大阪府（6.8％）と続く。

　また，日本国籍の子どもたちの中にも，外国につながる子どもたちの数は少なくない。例えば，父母いずれかが外国籍である子どもは毎年約2万人の出生がある。父母いずれかの国籍は，中国の場合が最も多く全体の24.8％，次いで

韓国・朝鮮（22.1%），フィリピン（10.5%），米国（8.5%），ブラジル（3.7%）と続いている（厚生労働省『人口動態調査』，2016）。

　当然ながら，外国につながる子どもたちの全体像は「国籍」別に捉えられるものではないし，ましてや「国籍」をもって一人の子どもが理解できるわけではない。今，ここにいる子どもの理解が保育の起点であるということは，外国につながる子どもたちにおいても同じである。

2　多文化保育という可能性

　今後，さらに保育所や幼稚園の多文化化が進行していくことが見通されるが，外国につながる子どもたちとそうでない子どもたちとを一緒に保育する「多文化保育」の試みが全国各地で始まっている。

　この多文化保育の目標は，「多文化教育」をめぐる議論や実践との関わりにおいて理解されることも多い。世界的に広く参照されてきたバンクスの定義によると，多文化教育とは「あらゆる社会階級，人種，文化，ジェンダー集団出身の生徒たちが，平等な学習機会をもてるように学校や他の教育機関をよりよくしていくための教育改革運動」であり，「すべての生徒がより民主的な価値観，信念，また文化をこえて機能するために必要な知識，スキル，態度を育てられるように支援する」ことを目的とする教育実践である（バンクス，1996）。

　前節でとりあげたインクルーシブ教育の理念と重ね合わせて考えるならば，多文化保育とは，共生社会の創り手に求められる民主的な資質・能力の基礎をすべての子どもたちに培うことを目指す保育実践であると言えよう。とりわけ乳幼児期は，基本的信頼感の形成，母語の獲得と言語的思考の芽生え，アイデンティティの形成等，その後の人生の礎となる固有の発達が生まれる時期である。その重要な時期だからこそ，文化の多様性に触れ，互いの違いを認め合い，互いに学び合いながら自己を形成していくといった豊かな可能性が，多文化保育にはひらかれているのである。

3 多文化化する保育現場で求められていること

　しかしながら、「互いの違いを認め合い、互いに学び合う」というのは殊の外難しい。例えば、外国から引っ越してきた子どもを迎えた保育所を想定してみてほしい。初登園の日、その子が外履きのまま保育室の中に入ろうとしたとしよう。そのとき、あなたは保育者としてどのように対応するだろうか。信教上の習慣でその子が食後にお祈りを始めたところで、周りの子どもたちが驚いてその様子に見入ってしまうこともあるだろう。母語の違いからコミュニケーションがうまくとれず、その子がイライラしながら周りの友だちに手を上げてしまうこともあるかもしれない。あるいは、信教上の理由で食事に制限があって給食での対応が難しく、お弁当をお願いしようにも「お弁当」という習慣自体が未知である家庭もあるかもしれない。そのような場合、保育者としてどのような対応をとりうるのだろうか。

　幼児期の発達においては、食事、排泄、睡眠、衣類の着脱等、基本的な生活習慣の形成も重要な位置を占めているわけだが、そもそも基本的な生活習慣とは文化的な多様性に満ちた経験の宝庫でもある。上で挙げたような状況は、多文化化が進む保育現場において決して珍しい出来事ではない。

　ここで問われるのは、子ども理解から出発するという保育の原点であり、それに関わる保育者の意識と姿勢である。文化的な差異がいずれかの文化において〈望ましくない〉ものとして現れた場合、私たちは「どの子にも同じように関わる」という意識と「文化の多様性を尊重する」という意識との間でジレンマを経験することになる。その際、前者の意識が強まっていくと、子どもたち全体に対して等しく〈望ましい〉状態を要求していくことになるだろう。

　しかし、多文化保育という考え方においては、誰よりも保育者自身が、文化的な差異の経験をきっかけとして他者の心と身体に染み込んでいる異文化を理解し、学んでいくことが大切にされている。そのような意識や姿勢は、保育者と特定の子どもとの関係にとどまらず、子どもたち全体によい影響をもたらし、相互理解を尊重する環境の構成へとつながっていくのである。対照的に、保育者が〈望ましい〉と思う状態を子どもたち全体に一方的に要求し続けていくこ

とは，子どもたちの間に〈望ましくない〉と位置づけられた文化に対する差別
や偏見の芽を生み出しかねないだろう。

　また，乳幼児期においては，直接的な経験が子どもたちの成長や発達にもた
らす影響が大きい。子どもたちに互いの文化を経験する機会を用意することで
他者理解を促し，子どもたち全体でその経験を共有し学び合えるような環境を
構成していくことも効果的だろう。子どもたちが文化的な差異に直面しながら
も，一方が他方へ歩み寄ることで，その相手からの歩み寄りも生まれ，相互理
解が深まるといった展開も数々の事例に確かめることができる。そのような意
味でも，文化的な差異を表面化させながら互いの歩み寄りを引き出す活動とし
て，幼児期の遊びは重要な意味を持っている。

　多文化保育においては，多様な文化を理解し，尊重していく保育者自身の意
識と姿勢や外国につながる子どもたち一人ひとりの状況に応じた合理的な配慮
が求められる。同時に，子ども理解の重要性や幼児期における遊びの発達的意
義など，あらゆる保育に通底する原点に立ち返ることもまた大切なのである。

3節　インクルーシブ保育──障害のある子どもたち

1　障害のある子どもたち

　特別な配慮を必要としている「障害のある子どもたち」とは，一体どのよう
な子どもたちなのだろうか。具体的には，次のように整理・分類することで理
解することができるだろう。

①先天性あるいは後天性の何らかの原因で身体機能に制限がある状態で肢
　体不自由児ととらえられる「身体面の支援の必要な子ども」
②視覚・聴覚・嗅覚などの感覚について，過剰に感じすぎたり，反対に通
　常の感覚を得られにくかったりすることで生活に支障がある「感覚面の
　支援の必要な子ども」

③知的な面の発達がゆっくりであるために遊びや生活の理解が難しい「知的な面の支援の必要な子ども」

④愛着形成や愛着行動に不全が見られ愛着に課題があったり，音声言語によるコミュニケーションに難しさがあったりする「愛着・コミュニケーション面での支援の必要な子ども」

⑤知的発達や機能に遅れが見られないものの，友だちとのコミュニケーションが成立しにくく，こだわりや注意力において特異であるために集団活動に困難を抱える「行動面・学習面の支援の必要な子ども」

⑥心理的な原因によって情緒的問題があり社会的な場面で不適応などの困難を抱える「情緒面・学習面での支援の必要な子ども」

ただ，実際には上記のような項目のどれか一つにぴったり当てはまる子どもばかりではなく，複数項目にまたがって該当する場合もあれば，白黒が判断しにくいグレーゾーンの子どもたちも数多く存在している。

また，上記の項目をさらに細かく分類し，それぞれの状態に診断名を付けて区別することも多い。例えば，国際的に広く用いられている診断基準 DSM-5（アメリカ精神医学会による精神障害の診断と統計の手引き）では，⑤のような状況の子どもを「発達障害」（乳児期から児童期にかけて発症する中枢神経系の機能障害）の一部と捉え，個別に「自閉スペクトラム症（ASD）」「注意欠如／多動症（AD/HD）」「限局性学習症（SLD）」等と分類している。

とりわけ，保育の現場では，知的発達に遅れの見られない「発達障害」と捉えられる子どもの存在が注目されるようになり，このような子どもたちの早期発見・早期支援が重要であるという認識が広がってきている。

しかしながら，発達障害については子どもの行動をチェックリストに照らし合わせて障害名を診断するわけであるが，その判断は容易ではない。子どもの状態像は年齢や発達状況，保育・教育的介入により著しく変化するため，それが個人差の範囲なのか，あるいは年齢不相応で病状レベルである臨床域なのか，境界線を引くことも難しい。特に乳幼児期の確定診断は難しく，あくまで暫定

的な診断であることに留意する必要がある。

2　障害のある子どもの保育形態の移り変わり

　戦後の日本において，障害のある子どもの保育形態は「分離保育」と「統合保育」が一般的であったが，第2節で紹介した世界的な潮流と教育界の動向を受け，現在は「インクルーシブ保育」という形態が徐々に増えてきている。

　1947（昭和22）年に学校教育法が制定されると，特殊教育諸学校に幼稚部を設置することが可能となった。1957（昭和32）年の児童福祉法一部改正により精神薄弱児通園施設が規定されると，知的障害のある子どものための通園施設が全国各地でつくられるようになり，1970年代には特殊教育諸学校の幼稚部設置も計画的に進み，障害のある子どもとない子どもとが別々の場所で保育を受ける「分離保育」が制度的に保障される時代となった。しかし，障害のある子どもと障害のない子どもが出会い交流する経験が減少し，障害の有無で学ぶ場を分け隔てることが人間としての尊厳を奪う差別にもつながるといった問題点も指摘されていた。

　1980年代に入ると，一般の保育所や幼稚園でも障害のある子どもの受け入れが進み，障害のある子どもと障害のない子どもが同じ場で保育を受ける「統合保育」へと制度的な転換が図られていった。しかしながら，障害のある子どもが適切な支援を受けずに放置されたり，障害のない子どもの保育活動に障害のある子どもを一方的に適応させようとしたりするなど，統合保育を進める上での問題も少なくはなかった。加配教員の配置といった条件整備も進むものの，統合保育の限界を指摘する声も増えてきている。

　そして，この統合保育の考え方に代わって広がり始めたのが「インクルーシブ保育」の理念と実践である。障害のある子どもが排除されることなく，障害のない子どもとともに学び合う保育が本格的に追求されるようになってきたのである。そこでは，障害の有無を前提としてきた統合保育を乗り越え，すべての子どもたちが一人ひとり異なる多様性を有する存在とみなし，互いに尊重し合い，一人ひとりのニーズに応じた保育を実現することが目指されている。で

は，この「インクルーシブ保育」とは，どのように実践的に展開することのできるものなのだろうか。

3　インクルーシブ保育の実現に向けて

　第2節でも確認した通り，保育の基盤は，保育者の子ども理解にある。インクルーシブ保育もまた，目の前の子どもの姿を捉え，保育を計画していくという営みから出発する。そこに大きく作用するのが，保育者の障害観である。

　かつては，障害はあくまで個人の持っている心身上の欠陥や機能不全として理解されることが多かった。ところが，1980年に世界保健機関（WHO）から「国際障害分類（ICIDH）」が公表されると，障害を重層的に捉える視点が広まってきた。個人に何らかの疾病や変調が生じて機能障害が生じ，それにより生活上の能力障害が生じ，さらには社会的な不利益がもたらされた状況として障害を理解する視点である。さらに，2001年に同じく世界保健機関から発表された「国際生活機能分類（ICF）」は，障害観の決定的な転換点となった。障害を個人に帰属させて理解する立場から，環境との相互作用によって生じたバリアによって自立と参加が妨げられている状態として理解する立場へ転換が図られたのである。

　インクルーシブ保育において，この障害観は重要な手がかりとなる。障害のある子どもたちは，四六時中，どのような場面においても障害を身にまとうように生活しているわけではない。特定の場面や人間関係，あるいは，ある状況下や活動の流れにおいて「やりにくさ（＝障害）」が生じたり，別の場合にはそれが生じなかったりするということだ。

　例えば，集団活動に参加せずにいつも保育室を飛び出してばかりの子どもがいたとしよう。その行為をもって，はたしてその子に「障害がある」と疑っていいのだろうか。その子は，その活動の内容や形態にいつも興味が持てなかったのかもしれないし，その時間に決まって腹痛に襲われていたのかもしれないし，気持ちが合いにくい友だちの存在が気になっていたかもしれないし，保育者の説明がわかりにくかったのかもしれない。あるいは，どうしても他にやり

たいことがあったのかもしれない。これらの推測は，障害分類から導かれるものではないだろう。その子のありのままを受け止め，丁寧に関わるという動きの中で，その子にとっての行為の意味が見えてくるものである。

　別のケースとして，遊びのルールがわからない子どもがいたとする。みんなでゲームができないという「困った事態（＝障害）」が生じたときは，それはみんなにとっての障害であり，みんなに共有された障害であるとも言えるだろう。その障害を取り除くにあたっては，子どもたちがルールの伝え方を工夫し合ったりするかもしれないし，保育者がわかりやすく絵に描いてサポートをするかもしれない。あるいは，もっとみんなで楽しめるようにルール自体が変更されていくかもしれないのだ。

　多文化保育の考え方と同じように，インクルーシブ保育における「障害」とは，その解決を試みる中で子ども同士の学び合いを深め，新しい環境を創り出していく大切な契機として捉えることができよう。そのような学び合いのコミュニケーションと環境の再構成が積み重なった先に実現されるのが，すべての子どもたちにとってわかりやすく，使いやすいというユニバーサル・デザインの視点に立った保育環境であろう。音声言語だけでは説明を理解することが難しい子どもがいてくれることで，視覚的な情報がちりばめられた環境が整っていく。周囲の変化に敏感な子どもがいてくれることで，ちょっと一息落ち着けるコーナーが広い保育空間を区切って確保される。その時々の合理的な配慮の蓄積が，すべての子どもたちを包摂する保育環境を形成していくのである。

　このような新しい障害観に立ってインクルーシブ保育を目指すということは，「障害のある子ども」に対して〈できない〉ことを〈できる〉ように変化することを求める発想ではない。そうではなく，「どの子どもも持てる力を発揮し，その子らしくいきいきと活動できる人間関係や環境を整える」といったように私たち自身の認識と実践の志向性を転換することを意味しているのである。

　保育場面において「障害」を感じたならば，それを保育計画や保育環境を見つめ直す大切なきっかけとしていくことができるのだ。

4節　すべての子どもたちが共生し，包摂される保育を支えるために

　多文化保育やインクルーシブ保育といった試みを持続的に展開していく中で，多様な子どもたちの成長と発達を支える大人たちがいかに信頼関係と連携体制を構築し，いかにそれを広げていくかということが問われている。この中には，同僚の保育者，子どもたちの保護者，各種連携機関や行政関係者，地域住民をはじめ多様な大人たちが含まれる。子どもたちを支える大人たちがそれぞれに孤立したり，排除されたりしている状況においては，すべての子どもたちが共生し，包摂される保育はとうてい実現できないだろう。

　本章では，何かが〈できない〉子どもを目の前にしたとき，他の子どもたちと同じく〈できる〉ようになるといった変化を本人に押しつけるのではなく，互いに学び合う「関係」とすべての子どもたちが力を発揮できる「環境」を保育者が探り当て，構成していくことの大切さを学んだ。

　このことは，保育者自身にも相似形で当てはまる。多文化保育やインクルーシブ保育が〈できない〉と困惑し，苦しむ保育者に対して，本人に原因を帰属させ，その解決の責任を本人に押しつけるようなことがあるならば，それは本末転倒である。本章では十分に取り扱えなかったが，多文化保育やインクルーシブ保育といった試みにおいて，同僚や保護者，専門機関のスタッフとの信頼関係と連携体制の構築は大変重要な意味を持っている。なぜならば，それらの試みは，子どもたちに関わる多様な大人たちが互いを尊重し，互いに学び合い，互いの力を発揮できる環境を構成していくという，共生社会の実現に向けた大人たち自身の挑戦そのものを意味しているからである。

注1　本来であれば「視覚障害者」と表現すべきであるところだが，ここでは作品中の表現をそのまま用いている。なお，この物語は多文化・多言語環境における子どもの発達について検討した石黒（2000）にも取り上げられている。

引用・参考文献

石黒広昭　「「異文化」問題の中にある子どもの言語発達」　月刊言語，29，7　大修
　　館書店　2000　pp. 76-83
伊丹昌一編　インクルーシブ保育論　ミネルヴァ書房　2017
ウェルズ，H. G. 著　阿部知二訳　世界最終戦争の夢　東京創元社　1970
厚生労働省　保育所保育指針　2017
咲間まり子編　多文化保育・教育論　みらい　2014
中央教育審議会初等中等教育分科会　共生社会の形成に向けたインクルーシブ教
　　育システムの構築のための特別支援教育の推進（報告）　2012　（http://www.
　　mext.go.jp/b_menu/shingi/chukyo/chukyo3/044/attach/1321669.htm）（2017 年
　　8 月 1 日閲覧）
内閣府・文部科学省・厚生労働省　幼保連携型認定こども園教育・保育要領　2017
バンクス，J. A. 著　平沢安政訳　多文化教育――新しい時代の学校づくり　サイマ
　　ル出版会　1996
文部科学省　幼稚園教育要領　2017

8章　家庭・地域・小学校との連携を踏まえた保育

1節　家庭との連携を踏まえた保育

1　家庭との連携の必要性

　平成29年告示「幼稚園教育要領」「保育所保育指針」「幼保連携型認定こども園教育・保育要領」の3法令の同時改訂（定）により，幼稚園，保育所および幼保連携型認定こども園は，日本の幼児教育施設として位置づけられた。2008（平成20）年に改訂された幼稚園教育要領や保育所保育指針においても，幼稚園，保育所は保護者や地域における子育て支援等，その役割を担ってきたが，今回の改訂（定）により，幼児教育施設としての幼稚園，保育所，幼保連携型認定こども園が，「幼児期の教育センター」や「子育て支援の拠点」としての役割をよりいっそう果たしていくことが求められている。

※写真と本文の内容は直接的には関係ありません。

この背景には，核家族化が一般化し，共働き世帯も増え，子育て環境が孤立化し，子育て家庭の不安感・負担感が増大してきていることがある。3歳未満児は，保育所よりも家庭等で育つ子どもがかなりの部分を占めており，特に母親の子育てへの不安・負担感は非常に大きくなっているといわれている。現代の親世代は，親になる前に「子どもの世話をしたことがない」「子育ての方法を知らない」等，親になる上で必要となる経験が不足している現状がある。また，子育てへの負担感，葛藤，ストレス等が常態化すると，子どもへの虐待にも発展していく場合がある。子育ての悩みが深刻化する前に，予防的な支援が望まれている。

子育ては，第一義的には親や家族の責任があるとしても，家庭のみが担うのではなく，社会全体で子どもを育てていく視点が必要である。地域社会における人と人とのつながりが希薄化している現代において，子どもの育ちを支えていくためには，園と家庭との連携が欠かせない。

2　具体的な連携の実際

a．預かり保育

これまでにも幼稚園は，幼児教育機関としての機能を生かし，預かり保育や子育て支援を担ってきた。幼稚園教育要領第3章には次のように示されている。

1　地域の実態や保護者の要請により，教育課程に係る教育時間の終了後等に希望する者を対象に行う教育活動については，幼児の心身の負担に配慮するものとする。

2　幼稚園の運営に当たっては，子育ての支援のために保護者や地域の人々に機能や施設を開放して，園内体制の整備や関係機関との連携及び協力に配慮しつつ，幼児期の教育に関する相談に応じたり，情報を提供したり，幼児と保護者との登園を受け入れたり，保護者同士の交流の機会を提供したりするなど，幼稚園と家庭が一体となって幼児と関わる取組を進め，地域における幼児期の教育のセンターとしての役割を果たす

> よう努めるものとする。その際，心理や保健の専門家，地域の子育て経
> 験者等と連携・協働しながら取り組むよう配慮するものとする。

　幼稚園教育要領では，平成29年の改訂で「社会との連携及び協働によりそ
の実現を図」り，「社会に開かれた教育課程」を基本とし，「全体的な計画」の
中で「預かり保育」や子育て支援の計画を行うこととなった。これは，教育課
程におけるねらいや内容と関連させつつ，教育内容を充実させることが求めら
れている。具体的には，「預かり保育」の場合，「預かり保育」の担任やクラス
担任，主任などを交え，カリキュラム・マネジメント（幼稚園教育要領第1章
第3「教育課程の役割と編成等」1「教育課程の役割」）による「預かり保育計
画」を立案する。その際，留意しなければならないことは，保育時間が長時間
に及ぶため，子どもの生活リズムや子どもたちが安心してくつろげる家庭的な
環境の設定に配慮しつつ，家庭との連携を密にし，子どもの生活状況の把握や
情報交換，個別の相談等の対応が必要となる。

　その他，家庭との連携を深めていくために，個別の対応としては，日ごろか
ら子どもの送迎時や連絡帳を用いて子どもの様子を伝えたり，全体の関わりで
は，園だよりやクラスだよりを通して園の保育内容を知らせたり，また園の行
事の「保育参加」や「保護者会」等，さまざまな機会を通して，保護者との情
報交換や交流の場の機会を増やすことも求められる。保護者も子どもの様子や
園の保育方針等を知ることにより，保育者とともに子どもの成長を喜びあうこ
とができる。他方，保育者にとっても，保護者理解を深めることができ，保育
の質の向上にもつながる。

　さらに，平成29年告示の改訂では，幼稚園が地域における幼児期の教育セ
ンターとしての役割をいっそう果たしていく観点から，心理や保健医療，福祉
の専門家，地域の子育て経験者等と連携・協働しながら取り組むようにするこ
とが明示されている。このことにより，保護者や地域の子育て家庭に向けて，
子育てのさまざまな課題に対する支援の強化が期待されている。

b. 地域に開かれた幼児教育施設に求められる子育て支援

　幼稚園，保育所，認定こども園に求められている子育て支援とは，通園・通所する子どもとその家庭だけではなく，地域の子育て家庭すべてを対象とした支援のことである。これは，子どもを社会全体で育てるという「子ども・子育て支援新制度」の理念にもつながる。このことから，幼児教育施設の特性を生かし，幼児教育保育の専門性を有する保育者による支援を提供することが求められている。特に，保育所保育指針，幼保連携型認定こども園教育・保育要領では，平成29年の改訂（定）で，在園児の保護者だけではなく，地域の保護者にも同じように子育て支援をすることがあらためて示され，「地域に開かれた子育て支援」「保護者との相互理解」が確認された。

　園や保育者に求められることは，第一に，保護者の多様な子育ての悩みを理解して，その悩みを受け止めることである。家庭に対して指導しようとする態度や，子育てを肩代わりするサービス的な支援ではなく，保護者自らが自信を持って子育てできるように，保育者には，相談・助言等の役割が求められる。また，保育者が子どもの最善の利益を中心に据えながら，保護者との信頼関係を築くことも大切である。さらに，保護者からの相談を保育者一人で抱え込まずに，園全体で対応するチームでの相談対応力も求められる。子育ての情報等を提供すると同時に，地域の子育てをしている保護者が利用しやすい環境を整えることも大切である。すでに子育て広場を設置して子育ての相談に応じている園，カフェなどを運営している園などもあるが，各園でのさらなる工夫が求められる。

　また，近年増えてきている児童虐待の早期発見や抑制などに役立つことも期待されている。幼児教育施設の特性は，地域をつなぐ役割を担えることと，専門性のある保育者が常駐していることである。このような特性を生かし，地域の保護者にとって安心して頼れる場所になれば，幼児教育施設は，新たな子育ての拠点になることができるであろう。

　幼児教育施設における子育て支援機能について，大豆生田の分類が詳しい（表8-1）。どれも求められる支援ではあるが，「保護者及び地域が有する子

8章　家庭・地域・小学校との連携を踏まえた保育　109

表8−1　保育施設における地域子育て支援機能の分類
（大豆生田啓友『支え合い，育ち合いの子育て支援』関東学院大学出版会，2006）

居場所機能	多くの園が実施している園庭開放を含め，ひろばやサロンなど親子で安心感を持ってゆっくりと過ごす時間と空間を提供する機能を指している。集団で遊びを行うなどの時間を設けることもあるが，基本的には園の資源を利用して子ども同士が遊んだり，親同士がゆったりと会話することを中心とした機能である
相談・助言機能	相談・助言機能は，多くの園で行っている育児相談を指す。その形態は一対一の個室での相談，電話相談などもあるが，園の特性を生かした場合，園庭開放やひろばへの参加，交流・保育体験の機会への参加などを通して，そこで立ち話風に行われる場合もある。また，ネットワークにおいて，他の専門機関との連携の中で行われることもある。多層的なつながりの中で実施される機能と捉えていく必要がある
保育体験・イベント交流機能	地域の親子の交流，多様な世代間の交流，園児と地域の親子の交流など，さまざまな交流の機能を有している。それはまた，親子が保育の場を体験する機能とも重なり，園での資源を生かした集団での親子遊びやイベントなどを通しても行われる。居場所機能そのものが交流や保育体験にもなっている。学生の体験ボランティアや，中高年のボランティア参加など，親子だけではなく多様な世代の保育体験と交流の機能でもあり，そこにはボランティアの育成も含められる
学習機能	子育ての学習とは，子育てについての学び場としての機能であるが，子育ての講演会のみならずテーマを通しての親同士の座談会や，ひろばなどに参加するなどの場を通してのモデリング的な学びを含めて捉えることのできる機能である。また，子育ての学習のみならず一人の人間（女性あるいは男性）としての生き方を考える内容や，社会参加や就労準備を目的とした内容のものも考えられる
一時保育機能	非定型保育，緊急保育のほか，私的な理由としてリフレッシュも含めた，必要に応じた一時的に保育を行う機能である。預け合いなどを取り込んだ保育機能も含められる。預ける保護者にとっては単に預ける場としてだけでなく，保育者との気軽な語らいや相談の場や，他の機能の利用などとのつながりも視野に入れて捉えられる
情報発信機能	地域の子育て情報や園の資源を生かしたさまざまな地域の情報発信を行う機能である。正確には，親の側からの発信も含めて相互的に捉えることが必要であり，双方向的な受発信の機能とも言い換えられる
アウトリーチ機能	出張保育，家庭訪問など，園内ではなく外に出向いていって必要な支援を行う機能。実際に園やセンターに来られない親子を対象に行う支援機能である
ネットワーク機能	多様なネットワークを形成し，つながりの中で問題解決を行っていくなど，地域のさまざまな資源を生かして支えあう機能。子育て等に関する関係機関・専門機関との連携，子育てサークルなどのグループや団体への支援や連携，コーディネートなどを行う

育てを自ら実践する力の向上に資するよう」体制を整えていくことが望まれている。

2節　地域との連携

　幼稚園，保育所，認定こども園は，子どもの生活の連続性を踏まえ，子どもにとってよりよい保育環境を確保するために，家庭や園だけではなく，地域とも積極的に連携していくことが求められている。地域には「社会資源」と呼ばれる専門機関，施設，活動，人材，自然等がある。ここでは，地域の「社会資源」との連携についてみていく。

1　地域の社会資源

　社会資源とは，「福祉ニーズを充足するために活用される施設・機関，個人・集団，資金，法律，知識，技術等々の総称である」である（中央法規出版編集部編『六訂 社会福祉用語辞典』中央法規出版，2012）。保育における社会資源とは，これらのほか，制度や自然，活動や人材等，さまざまな資源が考えられる。社会資源は，一般的に「フォーマルな社会資源」と「インフォーマルな社会資源」に分類することができる（表8-2）。

　「フォーマルな地域資源」は，国や自治体等，公的に規定されているため，

表8-2　社会資源の分類
（公益財団法人児童育成協会，2015を参考に筆者作成）

フォーマルな社会資源	児童相談所，福祉事務所，保健センター，療育センター，福祉制度，子育て家庭への手当，児童委員等	公平性がある。画一的なサービスに陥りやすい。
インフォーマルな社会資源	家族，友人，地域住民，ボランティア等	専門性，継続性が低い。柔軟な対応。

公平性がある一方で個々のニーズに細やかに対応することは難しい。他方「インフォーマルな地域資源」は，個人的な関係が基盤となるため，安定性や継続性に欠けるが，法律や制度に縛られないため，柔軟な対応が可能な側面がある。

2　地域との連携

　保育者は，子どもとその家族のニーズに応じて，どのような支援が必要なのかを把握し，そこにつながるような調整や援助が求められる。

　また，子どもたちが豊かな生活体験をするために，保育の内容の充実に向けた取り組みとして，必要な社会資源を知り，活用することが望まれる。具体的には，子どもたち自身が，地域の文化や伝統，歴史，自然などに触れ，直接的な体験をすることである。さらに，高齢者との世代間交流や地元の行事への参加等，幅広い世代の人たちと一緒に触れることが大切である。ある保育所では，年間の保育計画の中に位置づけてほぼ毎年，次のような連携活動を行っている。例えば，地域の中高年女性が所属する「女性部」の方に協力をしてもらい，園外で子どもたちと摘んだよもぎを用いて「よもぎ団子」を一緒に作って食べる活動や，「青壮年会」の方が，地域に生息する竹を使って，竹馬や「竹ぽっくり」の玩具やお箸を子どもたちと一緒に製作し，子どもの頃遊んだ体験話と同時に遊び方も伝えてくださっているのだそうだ。その他，障害のある方との交流を通して，手話を教えてもらったり，車いす体験をする等，「自分たちの住む地域の仲間」との交流等さまざまな活動が行われている。

　かつて，地域共同体が機能していた頃，子どもたちは地域の祭りや行事を通してさまざまな人間関係の中で，コミュニケーションを取り，アイデンティティを確立してきた。文化の伝承が大人から子どもへと受け継がれ，地域の教育力を支えていた。少子高齢化社会の現代において，子どもだけでなく，地域の高齢者にとっても世代間交流は，地域の教育力，活性にもつながると思われる。地域にはさまざまな人が住んでいて，協力し合いながら生きていることを子どもたちは知ることになり，幼児期から人権意識を育てることにもつながっていく。園は，それぞれの地域性に応じた連携を考えることが必要である。

その他，平成29年告示の保育所保育指針，幼保連携型認定こども園教育・保育要領改訂（定）では，第3章に第4「災害への備え」が加えられ，「地域の関係機関等との連携」が新たに明記された。

「市町村の支援の下に，地域の関係機関との日常的な連携を図り，必要な協力が得られるよう努めること」

「避難訓練については，地域の関係機関や保護者との連携の下に行うなど工夫すること」

これらは，東日本大震災等の災害の経験から学ばれたものである。東日本大震災の際，普段から地域とのつながりが強く，協力体制が整っていた地域の住民は，災害の発生時に迅速な対応で人命が助かったという例がある。今後いつ起こるかわからない災害に備え，子どもの命を守るために，園内の体制を整えて，避難訓練や災害時の対応等，情報を共有していくことが不可欠である。

3節　小学校との連携

1　小学校との連携について

保幼小の連携の重要性が言われ始めたのは，1990年代後半頃から「小1プロブレム」と呼ばれる，小学校に入学したばかりの子どもたちの集団適応に関わる問題が報じられたことによる。「小1プロブレム」とは，新1年生が，授業時間中に教室を歩き回ったり私語をするなど，集中力に欠け授業が成立しない問題のことをいう。2005（平成17）年に，中央教育審議会（以下，中教審）が答申として『子どもを取り巻く環境の変化を踏まえた今後の幼児教育の在り方について──子どもの最善の利益のために幼児教育を考える』を出した。幼児教育について国がはじめて示した答申である。答申では，近年の子どもの育ちに課題があるとして，家庭や地域の教育力が低下するとともに保育者の経験も不足していること等を指摘した。中教審の答申後，2006（平成18）年に教育基本法が改正され，その第11条に「幼児期の教育は人格形成の基礎を培う

重要なものである」ことが示された。それを受け，翌2007（平成19）年に学校教育法も改正され，「幼稚園教育は生涯にわたる学びの基礎である」ことが示された。2008（平成20）年に改訂（定）された幼稚園教育要領，保育所保育指針もその方向性が基盤となっている。これらのことから，小学校教育への滑らかな移行のあり方が問われるようになり，近年ますます園と小学校の連携の必要性が高まってきている。

　平成29年告示の改訂（定）ではそれがさらに強調され，具体的な連携の在り方について明記されている。

幼稚園教育要領　第1章第3「教育課程の役割と編成等」
　5　小学校教育との接続に当たっての留意事項
　　（2）幼稚園教育において育まれた資質・能力を踏まえ，小学校教育が円滑に行われるよう，小学校の教師との意見交換や合同の研究の機会などを設け，「幼児期の終わりまでに育ってほしい姿」を共有するなど連携を図り，幼稚園教育と小学校教育との円滑な接続を図るよう努めるものとする。

保育所保育指針　第2章4「保育の実施に関して留意すべき事項」
　（2）　小学校との連携
　　ア　保育所においては，保育所保育が，小学校以降の生活や学習の基盤の育成につながることに配慮し，幼児期にふさわしい生活を通じて，創造的な思考や主体的な生活態度などの基礎を培うようにすること。
　　イ　保育所保育において育まれた資質・能力を踏まえ，小学校教育が円滑に行われるよう，小学校教師との意見交換や合同の研究の機会などを設け，第1章の4の（2）に示す「幼児期の終わりまでに育ってほしい姿」を共有するなど連携を図り，保育所保育と小学校教育との円滑な接続を図るよう努めること。

> 幼保連携型認定こども園教育・保育要領　第1章第2「教育及び保育の内容並びに子育ての支援等に関する全体的な計画等」
>
> （5）小学校教育との接続に当たっての留意事項
>
> 　ア　幼保連携型認定こども園においては，その教育及び保育が，小学校以降の生活や学習の基盤の育成につながることに配慮し，乳幼児期にふさわしい生活を通して，創造的な思考や主体的な生活態度などの基礎を培うようにするものとする。
>
> 　イ　幼保連携型認定こども園の教育及び保育において育まれた資質・能力を踏まえ，小学校教育が円滑に行われるよう，小学校の教師との意見交換や合同の研究の機会などを設け，「幼児期の終わりまでに育ってほしい姿」を共有するなど連携を図り，幼保連携型認定こども園における教育及び保育と小学校教育との円滑な接続を図るよう努めるものとする。

　ここで確認しておきたいことは，幼児教育保育において培うべき小学校教育の基礎とは，まず第一に，乳幼児期に小学校以上の学習の基盤となる豊かな体験を積み重ねておくことである。次に，そうした体験を通して子どもたちに思考力の基礎を培っていくことである。幼児教育・保育が小学校の準備や先取りをするのではけっしてないことに，留意することが必要である。

2　小学校と幼児教育機関との違い

　幼稚園，保育所，認定こども園において重視している点は，子どもは遊びを通してさまざまな体験や経験を得るということである。子どもは，そのプロセスにおいて，物事を「考えたり，試したり，工夫したり表現したり」することで知識や技術を獲得していく。園では，子ども一人ひとりの実態にあったねらいや，発達の課題に沿って保育が営まれる。園での生活の時間的な流れも，子どもの活動の実態や興味・関心に応じて柔軟に構成することが求められる。

　それに対し，小学校は，学校教育法第29条で「小学校は，普通教育のうち

基礎的なものを施すことを目的とする」とし，時間割に沿った教科別の授業を中心に展開される。小学校以降の教育内容は，学習指導要領によって定められている。「集団による系統的な学習」や知識の習得が重視されてきたが，幼児期の教育との円滑な接続を意識し，「生活科」「総合的な学習の時間」などが設置され，「体験」や具体的な活動の重要性が見直されている。その他の教科においても，総合的な学びや体験の必要性が一層高まっている。これらは，乳幼児期の自発的な遊びにおける学びが，小学校以降の学習に取り入れられているといえるが，幼児教育保育と小学校教育とのシステムや教育方法の違い，保育者・教師間の子ども観の違いもあり，円滑な幼小接続に関して課題があるのが現状である。

3　小学校との連携で必要なこと

　近年，小学校以上の学校教育で「主体的・対話的で深い学び」であるアクティブ・ラーニングが注目されている。平成29年告示の改訂では，幼児教育保育においてもアクティブ・ラーニングを実践し，アクティブ・ラーニングの視点から絶えず指導の改善を図ることになった。

　幼児教育保育において子どもの自発的な活動としての「遊び」は，子どもたちの能動的な学びにつながる重要なものである。そもそも，幼児教育保育では，子どもたちの主体性や意欲を尊重し，子どもたちが身のまわりの環境に主体的に関わる遊びを支えながら指導してきた。幼稚園教育要領，保育所保育指針，幼保連携型認定こども園教育・保育要領では，「主体的な学び」「対話的な学び」「深い学び」の3つの視点が重視されている。これらの視点は，子どもたちが「何ができるようになるか」ではなく，「何を学ぶか」「どのように学ぶか」を保育者がいかに支援するかという保育のプロセスを充実させることにつながるといえる。

　小学校の学習指導要領の改訂の中で，1年生の最初に「スタートカリキュラム」を実施することが義務づけられた。幼稚園，保育所，認定こども園における遊びや生活を通した学びと育ちを基礎としながら，子どもたちが主体的に自

己を発揮し，新しい学校生活を作り出していけるようにすることを目指している。

「スタートカリキュラム」の内容は，「資質・能力」や「幼児期の終わりまでに育ってほしい姿」（10の姿）を発揮できるようにしながら，それを徐々に小学校の授業や強化のあり方に導いていくのが望ましいとしている。義務づけられることで，幼児教育保育を引き継ぎながら小学校教育を始めていくことがより明確になったといえる。

4　連携の実際

園と小学校との連携の具体例として，まず，園児と児童の交流が挙げられる。その内容は，子どもの生活や発達の連続性を踏まえた工夫が基本になる。園児と児童がともに成長し，互いに影響しあう交流が求められる。小学校の児童との交流の機会は，小学校就学を控えた子どもたちの不安を和らげ，進学に期待を持つよい機会となる。他方，児童は，自分たちよりも年少の子どもと接することで，年長者であるという自覚を持つなどの効果が期待される。これらは一過性のものではなく，継続的に設けることでより効果を発揮すると思われる。

次に，保育者，教師間の交流である。その際，情報共有はもちろんのこと，発達や学びの連続性を確かめつつ，相互理解が求められる。さらに，子ども一人ひとりの姿が総合的に示された資料として，「幼稚園幼児指導要録」「保育所児童保育要録」「認定こども園こども要録」の活用がある。これらをもとに，実際の子どもの姿を知り，把握することが期待される。まずは，保育者，教師が互いの違いを理解し，認めていくことが必要である。小学校以降の教育は乳幼児期の教育の成果を基礎として達成されるという認識が，保育者と教師の両者にとって重要である。

子どもの生活・発達・学びは連続性をもつという認識を基本として，子どもの豊かな学びを保障するための取り組みが，保育所・幼稚園・認定こども園と，小学校との双方に求められているのである。

「幼児期の終わりまでに育ってほしい姿」は，あくまでも保育の目標であり，

達成すべき姿ではない。保育者，教師はともに子どもの視点に立ち，子ども自身が自己肯定感を持ち，就学に期待を持つことができるよう支援していくことが求められる。

参考文献

大豆生田啓友　支え合い，育ち合いの子育て支援――保育所・幼稚園・ひろば型支援施設における子育て支援実践論　関東学院大学出版会　2006

川北典子・村川京子・松崎行代編著　子どもの生活と児童文化　創元社　2015

公益財団法人児童育成協会監修　西村重稀・青井夕貴編　保育相談支援（基本保育シリーズ⑲）　中央法規出版　2015

厚生労働省　保育所保育指針　2017

内閣府・文部科学省・厚生労働省　幼保連携型認定こども園教育・保育要領　2017

文部科学省　幼稚園教育要領　2017

9章　発達と学びの連続性を意識した保育内容

1節　子どもたちの発達と学びの連続性を考える

1　保育現場を取り巻く状況

　現在の日本社会における家族の世帯構成は，3世代の同居が大きく減少しており，単独世帯や夫婦のみの世帯が増加傾向にある。そのため，地域においては，子どもたちの人との関わり合いや自然との触れ合いの機会が減少していることがうかがえる。また，家庭においては，子どもたちの育ちに関する知恵が家庭教育力の低下によって継承されがたい状況となり，育児に悩む親が増加している。

　そのような状況下において，乳児期からの保育を担う保育所や認定こども園等への需要が高まり，保育現場の重要性が注目されている。

※写真と本文の内容は直接的には関係ありません。

一方で女性の社会進出が進み，社会で活躍する母親を支えるための社会的な枠組みが必要となってきた。そうした社会的な要請に応えるため，保育現場では長期間・長時間の保育，休日保育，病児保育，学童保育といった取り組みを実践している。

さらに，乳幼児期が子どもの生涯にわたる人格形成の核となる，きわめて重要な時期であることも，広く認知されるようになってきた。そのため，これまで以上に子どもたち一人ひとりを丁寧に捉え，個々の発達を理解した質の高い保育実践が，保育者に求められている。

質の高い保育実践を担保するための取り組みとして，保育現場では職員研修などが頻繁に実施されているが，何よりもまず，保育者自身が保育現場にいる子どもたち全員を十分に把握することが重要である。なかでも，主に担当する子どもたちの状態についてはより詳しく把握し，個々の発達の過程について十分に理解しておく必要がある。

保育所保育指針等においても指摘されているとおり，一人ひとりの子どもたちの家庭との連携や保育所での生活や遊びを把握することで，子どもたちの生活の連続性が守られ，発達と学びの連続性を意識した保育内容を実践することが可能となる。

2 乳幼児期の保育を支える環境

乳幼児期は心身の発育・発達が著しく，人格の基礎が形成される重要な時期である。また，子どもたちの年齢が低いほど個人差が大きいため，一人ひとりの健やかな育ちを保障するためには，心身ともに安心・安定できる環境が必要とされる。それを担保するのが，子どもたちに愛情を持って接する大人との関わりであるが，発達と学びの連続性を意識した保育内容を実現するためにも，保育者は子どもたちが生活する環境を整えることを第一義とすべきである。

保育現場にいる大半の時間を，保育者は子どもたちとともに過ごすことができる。だからこそ，保育室や園庭などの保育現場のすべてを環境と考え，子どもたちが精神的にも肉体的にも落ち着くことができ，さらに興味や関心を広げ

ることができるよう構成しなければならない。子どもたちは整えられた環境の中でさまざまなものと出会い，多様な能力を獲得していくからである。

　特に注意を必要とするのが，保育現場の環境を整える際には人的・物的の両側面から捉えることと，全職員での共通認識・理解をもって構成するという2点である。当然ながら，子どもたちの成長を支えるためには，教職員の人的な配置が適切になされており，教材・教具や玩具の物的な整備がなされていることが望ましい。また，年度が替わる折に担任も代わると，保育室の環境を個人的な想いで整えようとする保育者を見かけることがあるが，クラスの子どもたちの年齢にとって適切な保育室の環境については教職員全員で話し合うことが必須である。子どもたちに関わる保育者の共通理解があってこそ，保育現場全体の環境の整合性を保つことができるからである。

　環境整備についての具体的な配慮点としては，子どもたちの生活区域においては，子ども・保育者・保護者の動線を整理し，子どもたちが円滑に食事や睡眠，排泄などができることを確認することが重要である。そのような環境下で，丁寧な育児をすることが，子どもたちの自立を導くことにつながる。

　また，子どもたちの遊びの区域においては，絵本・積み木・ままごと等のごっこ遊びコーナー，粘土・折り紙・お絵かきコーナー等と大きく整理する配慮が必要である。子どもたちが各コーナーでそれぞれの遊びだけを楽しむことも想定できるが，遊びは1つで成り立つ場合と，さまざまな遊びがつながり展開される場合があるため，保育現場の子どもたちの状況に合わせて，異なる種類の遊びがつながり発展する余地を確保しておくことが必要である。

2節　「過程」として子どもの発達を捉える

1　8つの区分で捉える発達過程の特徴

　平成20年告示の保育所保育指針においても，子どもたち一人ひとりの発達の過程に応じた保育を実践することが強調されている。子どもたちは一様では

なく，それぞれの個性に合わせて発達の道筋をたどっていく。そのため，保育者には一人ひとりの子どもの状況を把握しながら寄り添うことが求められている。

　そして，一人ひとりの子どもたちに応じた保育内容を構築するためにも，発達の過程をおおよその区分として捉えることも有効であると考えられる。次に示す8つの区分で捉えた発達過程の特徴は，実際の保育現場で子どもたちの発達を支えてきた保育者の視点が生かされたものである。保育現場で子どもたちの状況を正確に捉える力を養うための一助にしてもらいたい。

（1）おおむね6カ月未満

　　　○心身の未熟性

　　　○著しい身体的成長と感覚の発達

　　　○首がすわる・寝返り・腹ばい

　　　○表情の変化，体の動き・喃語などによる表現

　　　○応答的な関わりによる情緒的な絆の形成

（2）おおむね6カ月から1歳3カ月未満

　　　○運動機能の発達により探索活動が活発になる

　　　　（座る，はう，立つ，つたい歩き，手を使うなど）

　　　○大人との関わりが深まり，やりとりがさかんになる

　　　○愛着と人見知り

　　　○離乳食から徐々に幼児食へと移行

（3）おおむね1歳3カ月から2歳未満

　　　○歩行の開始と言葉の習得

　　　○さまざまな運動機能の発達による行動範囲の拡大

　　　○見立てなど象徴機能の発達

　　　○周囲への関心や大人との関わりの意欲の高まり

（4）おおむね2歳

　　　○基本的な運動機能の伸長や指先の機能の発達

　　　○食事・衣服の着脱・排泄などを自分でしようとする

○語いの増加・自己主張の高まり・自我の育ち

○模倣やごっこ遊びを楽しむ

（5）おおむね3歳

○基本的生活習慣の形成

○話し言葉の基礎の形成，知的興味・関心の高まり

○友だちとの関わりが増えるが平行遊びも多い

○予想や意図，期待をもった行動

（6）おおむね4歳

○全身のバランス力，体の動きが巧みになる

○自然など身近な環境への関わり方や遊び方を体得

○自意識の高まりと葛藤の経験，けんかが増える

○創造力，感情が豊かになり少しずつ自分を抑えられるようになる

（7）おおむね5歳

○基本的生活習慣の確立

○運動遊びをしたり，全身を動かして活発に遊ぶ

○仲間とともに遊ぶ中で規範意識や社会性を体得

○判断力・認識力の高まりと自主性・自律性の形成

（8）おおむね6歳

○滑らかで巧みな全身運動，意欲旺盛で快活

○仲間の意思の尊重，役割分担や協同遊びの展開

○経験や知識を生かし，創意工夫を重ねる

○思考力や認識力の高まり

○自然・社会事象などへの興味・関心の深まり

○自立心の高まり

　発達過程の特徴を理解することで，子どもたちへの適切な対応が可能となる。例えば，何に対しても嫌がっている子どもの姿からは，「今はイヤイヤ期なんだな」と理解することができ，ある程度の見通しを持って子どもと対峙することができる。見通しを持った保育では，保育者が子どもを無理に急がせるよう

なことがない。そのため，子どもの成長を適切に見守ることができ，子どもたちは安定感を持って過ごすことができる。

また同時に，子どもたちが発達の過程を直線的に進んでいくわけではないことを理解しておく必要がある。子どもたちにはそれぞれに個人差があり，発達の過程を「進行」と「退行」とを繰り返しながら進む。そして，どの子どもたちも一様ではなく，それぞれ違いを持って発達の過程を進んでいくことを念頭に置いた保育実践が必要である。

2　発達についての情報発信者としての役割

例えば，0歳児の保育において重要となる発達の視点は，「歩行の獲得」「言葉の獲得」「しっかりと嚙んで食べる」「人との基本的信頼感の構築」の4点であることが保育実践を積み重ねることで見えてくる。当然ながら，保育現場においては十分に配慮をすることが可能な視点であるが，各家庭においては困難な場合も想定できる。

例えば，「這う」ことが0歳児の時期には必要不可欠であるが，近年の住宅事情においては，各家庭で十分な活動場所を確保できないことも考えられる。また，育児方法が世代間で伝承されない世帯環境のため，保護者によっては子どもたちが早期に歩けるようになることが無条件によいことだと捉えている場合がある。しかし，成長に見合った歩く力を獲得するには，十分な「ハイハイ」の時期を通して，身体全体を鍛えることが大切である。

このように，発達過程に関わるさまざまな点において，子どもたちを取り巻く環境が大きく変化してきている。子どもたちの成長に歪みが生じないように，保育環境の悪化への危機感を持って，家庭や地域に対して子育ての情報発信をする必要もある。地域の子どもたちの育ちを護る存在として，保育所等が果たす役割は非常に大きくなっているといえる。

124

3節　子どもたちに育みたい資質・能力

1　子どもたちの主体的な活動を支える

　子どもたちの主体的な活動を根底で支えるのは，安心感と信頼関係である。保育現場における保育者の適切な関わりを通して，子どもたちは命が守られていることを実感し，安心感を得ていく。そして，自分自身を守ってくれる大人に対する信頼感を高めていく。また，子どもたちは保育者との関係と同時に，他の子どもたちとの生活や遊びといった日々の関わり合いを通して，相互の信頼関係を築いていく。

　特に，乳児は信頼できる大人との関係を基盤にしながら他者への関心を持ち，一緒に遊ぶ楽しさを実感する。そのことから乳児に対する保育では，子どもたち一人ひとりに丁寧な保育が実践できるように，食事の際は小グループを編成することや，特定の担当保育者を決めた育児担当制保育を導入している保育現場もある。

　重要なことは，保育現場が生活や遊びを通して子どもたちの居場所となり，子どもたちが意欲的・主体的に活動に取り組める環境を整えておくことである。次に，主体的な子どもたちの関わりが実現されている保育内容から，育まれる資質・能力について考察してみたい。

2　野菜の栽培・収穫を通した学び

　保育現場において野菜の栽培と収穫を通した学びは，子どもたちにとっても素晴らしい経験となる。栽培する野菜にはさまざまなものが設定できるが，なかでもさつまいもの栽培は，絵本『おおきなおおきなおいも』でも描かれているように，子どもたちに大変人気がある。ここでは，保育所におけるさつまいもの栽培と収穫を通した実践から，子どもたちの学びについて考察する。保育実践の内容は以下のとおりである[注1]。

　まず，5月にさつまいもの苗を植え付けるところから始まる（図9－1）。保

9章 発達と学びの連続性を意識した保育内容　　125

図9-1　さつまいもの苗の植え付けと水やりをする子どもたち

育現場が連携する農園の畑での植え付け作業を，3歳児から5歳児が経験する。さつまいもの苗を初めて触る子どもたちにとって植え付け作業は新鮮な体験である。また，最終的には収穫を目的とする長期間の取り組みであるため，さつまいもの栽培に対する子どもたちの期待度は非常に大きい。

　農園での植え付けと同時に，保育現場の園庭でもさつまいもを栽培する。その目的は1歳児と2歳児の収穫体験にあり，日々の水やりは5歳児の担当である。さまざまな野菜を栽培する園庭でさつまいもを育てるため，保育現場での子どもたちはその成長を日々実感することができる。また，5歳児には収穫までの水やりを担当することで強い責任感が生まれる。

　10月になると園庭のさつまいもの蔓が生い茂るため，農園のさつまいもの成長に子どもたちの期待が膨らむ。農園での収穫を前に，まずは園庭で栽培しているさつまいもの蔓だけを収穫する（図9-2）。最大の目的は年少児の収穫作業を容易にするためであるが，5歳児は長く伸びた蔓を詳しく観察し，触感や色を確かめることで，リースの作成や縄跳びとして遊ぶなど他の活動につなげていく楽しさを経験する。また，家庭における子どもたちと保護者の会話を豊かにする契機として，5歳児が作成したリースは各家庭に持ち帰らせている。

　待ちに待った農園での収穫を3歳児から5歳児までが経験する。子どもたちはさつまいもの大きさに期待を込めながら土を掘り進めていく。子どもたち同

図9-2 さつまいもの蔓の収穫

図9-3 さつまいもの収穫と絵画活動

士で声を掛け合い協力する姿が確認できる。同時に，園庭の畑では1歳児と2歳児が保育者の協力を得ながら収穫作業を体験する。保育者の支えによって収穫時の戸惑いは，大きなさつまいもを手に取ることができた喜びへと変化する。

　収穫体験の感動が鮮やかに残るうちに，5歳児の絵画活動ではさつまいもがテーマとして設定される。まず，画用紙にコンテで畝(うね)を表現するが，子どもたちは植え付けの時期にまで記憶を遡り，一つひとつの体験を思い出していく。さらに描いた畝にさつまいもを描いていくが，実際に収穫した蔓やさつまいもの状態が形や色となって詳細に表現されていく（図9-3）。

　いよいよ収穫したさつまいもを皆で食べる経験をするが，園庭での「焼き芋大会」と保育室での「焼き芋パーティー」の2つが設定されている。「焼き芋

図9-4　さつまいもを洗う子どもたちと「おいもチケット」

大会」では，収穫したさつまいもを3歳児と4歳児が丁寧に洗い，5歳児が紙とアルミ箔で包んでいく。そして，そのさつまいもを園庭で焼き芋にする。間近で火を扱う非日常の体験であり，子どもたちは真剣そのものである。

　また，「焼き芋パーティー」では，輪切りにしたさつまいもを5歳児がホットプレートで焼き，3歳児と4歳児に振る舞う。さらに1歳児と2歳児も招待するために「おいもチケット」が配布される。このチケットは5歳児が作成し，さつまいもを使ったスタンプが押されている（図9-4）。

　保育現場で収穫したさつまいもを食べる活動以外にも，子どもたちにはさつまいもを家庭に持って帰らせ，家族と食べるように指導している。その他にも，5歳児では収穫したさつまいもを利用して造形表現活動が展開され，1年間を通じて長期間継続する保育活動として位置づけられている。

　以上に示したさつまいもの栽培を中心とした保育活動では，水やり・収穫といった菜園活動から，造形表現活動や調理体験などにもつながり，子どもたちが学び取る内容は多岐にわたる。

　さらに，子どもたちの人間関係に注目すると，さまざまな活動によって子どもたちと保育者との関わりだけでなく，同年齢・異年齢の子どもたち同士の関わりが深化していく。特に上述の保育内容では，5歳児の役割は多様であり，子どもたちが挑戦する内容も複雑である。それらの豊かな活動を通して，5歳児は就学期までに大きな自信を獲得していく。

また，同時に5歳児が活躍する姿は，4歳児以下の子どもたちにとって大きな憧れとなり，5歳児の行動が生活のロールモデルとなる。それは，子どもたちに「自分も早く5歳児になりたい」という気持ちを喚起させ，成長することへの意欲へとつながっていく。このような異年齢集団との関わりをも可能にする保育内容は，大きな意味での人間関係を学び取る絶好の機会である。

3 保育者の視点

　保育現場で実践される保育内容から子どもたちが獲得する資質や能力は，学校教育の各教科から獲得される学力のように明確な切り分けが難しい側面がある。保育所保育指針などの「幼児期の終わりまでに育ってほしい姿」では，10項目にわたって就学期を迎える子どもたちに育まれる資質・能力が明示されている。

　これらは保育内容を構成する際の手掛かりとなるものだが，ここで示されているのは，あくまでも保育現場において豊かな保育が実践された結果である子どもたちの姿であり，それを10項目の視点から整理したものである。したがって，それらの資質・能力が獲得される過程において，10項目それぞれが個別に切り分けられた状態で子どもたちに獲得されるわけではないことを理解しておく必要がある。

　子どもたちが獲得する資質・能力は，それぞれの子どもたちの発達過程の在り方と，経験する学びによって変化するため一様ではない。だからこそ，保育者はさまざまな活動とつながりを持った保育内容を構成する努力をしている。それは，子どもたちを「育てよう」とする積極的な気持ちが息づいているからである。

　我々が忘れてはならないのは，鯨岡峻（2008）が指摘するように，子どもたちの思いを受け止め，自らの思いを子どもたちに返す主体性を持った保育者の存在である。子どもたちはあるがままの状態で自然に資質や能力を獲得していくのではない。そこには大人の，子どもたちを「育てる」視点が介在しているのである。子どもたちの発達と学びを支えるためにも，保育現場において保育

者の主体性が発揮できる環境を地域社会の大人全体で整えていくことが強く求められている。

注1　大阪府高槻市立芥川保育所による保育実践。この保育実践では，野菜の収穫からさまざまな体験活動へつなぐことによって，子どもたちの学びを広げることが目的とされている。

参考文献

赤羽末吉　おおきなおおきなおいも──鶴巻幼稚園・市村久子の教育実践による　福音館書店　1972

鯨岡峻　「子どもの発達を「過程」として捉えることの意味」　発達, 113　ミネルヴァ書房　2008　pp.18-25

厚生労働省　保育所保育指針　2008, 2017

厚生労働省大臣官房統計情報部　グラフでみる世帯の状況 平成26年──国民生活基礎調査（平成25年）の結果から　厚生労働統計協会　2016　(http://www.mhlw.go.jp/toukei/list/dl/20-21-h25.pdf)（2017年8月31日閲覧）

内閣府・文部科学省・厚生労働省　幼保連携型認定こども園教育・保育要領　2017

長瀬美子　乳児期の発達と生活・遊び　ちいさいなかま社　2014

文部科学省　幼稚園教育要領　2017

10章 幼児教育における見方・考え方と保育内容

1節 保育内容の考え方となる視点

　教育課程部会幼児教育部会が出した資料（平成28年3月30日　資料5）によれば、幼児教育における「見方や考え方」の整理イメージとして、図10-1がある。
　この図によれば、①「幼児一人一人の特性に応じ、発達の課題に即した指導」を行うことが挙げられており、個々の子どもが異なる家庭環境、生活経験であることを踏まえなければならない。また、②「遊びや生活を通した総合的な指導」では、子どもが身近な環境に主体的に関わり、心動かされる体験を重ねて遊びが発展する中で、試行錯誤したり、思い巡らしたりすることが求められている。さらに、③「意図的・計画的な人的・物的な環境の構成」が期待さ

※写真と本文の内容は直接的には関係ありません。

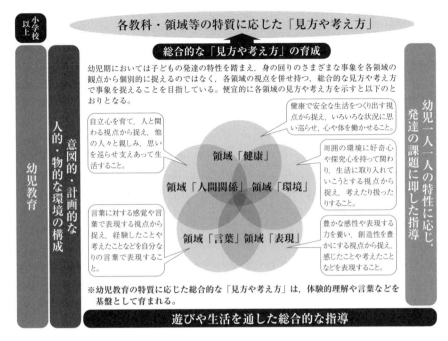

図10-1 幼児教育における「見方や考え方」の整理イメージ
(文部科学省「教育課程部会幼児教育部会資料 (第6回)」配布資料, 2016)

れている。そしてこれらの中に保育の5領域（健康，環境，表現，言葉，人間関係）が位置づけられており，総合的に各領域の視点を併せもつ見方で事象を捉えることが目指されている。このような体験等を通して培われた「見方・考え方」は，小学校以上の「見方・考え方」の基礎となる。

保育内容を考えていく上で，保育者が考慮すべきこれらの視点について，いくつかの事例をみながら考えていきたい。

2節　幼児一人ひとりの特性に応じ，発達の課題に即した指導

一人ひとりの子どもは，異なる家庭環境，生活経験をもっており，このこと

を踏まえて個々の特性に応じることが，保育内容を考える上でますます重要視されている。

　ここでは，日本に5歳で来日し，来日して間もなく日本の幼稚園に入園した女児シンイーの事例と，同じく5歳で来日し，日本の保育所に入園した男児カールの事例から，異なる家庭環境や生活経験をもつ子どもの特性に応じた保育について考えたい。

1　泥だんご作りへの挑戦

　シンイーの家庭での使用言語は中国語で，父母は英語も話したが，日本語は話せなかった。シンイーが入園した幼稚園では，シンイーの入園時には外国人幼児はシンイーだけだった。シンイーの担任保育者はシンイーとの会話は日本語で行い，保護者への連絡も日本語で行ったが，必要に応じて中国人留学生に来園してもらい，通訳を頼むことが数回あった。以下のデータは，調査対象の集団の中に直接入り込み，現地の人々と行動をともにする参与観察（佐藤，2002）によって，筆者が収集した（詳細は管田，2006b を参照）。

　入園当初，シンイーは言葉を発することが少なく，無言期とも言える時期を過ごした。担任保育者は，この時期5歳児が好んで行った泥だんご作りの遊びにシンイーを誘ったが，シンイーは泥を触って手を汚すことを嫌い，見ているだけの時期を過ごした。

事例1　泥を触りたがらないシンイー

担任保育者：バケツに入った泥を触ると，「いいね，これ。シンイーちゃ
　　　　　ん，とろとろだ，とろとろ」と，担任保育者の左隣にしゃがんでいる
　　　　　シンイーに言い，シンイーの前にバケツを置く。

シンイー：バケツの方を見るが動かず，触ろうとはしない。

担任保育者：自分の右人指し指をバケツの中に入れて泥を指先につけると，
　　　　　シンイーの方へ差し出す。

シンイー：しゃがんだまま担任保育者が出した指を避けるように，上体を

後ろに下げると，右足のつま先が地面から浮く。

担任保育者：「ふふふ」と声を出して笑うと，シンイーの方を見ながら「どうして嫌いなんだろう」と独りごとのように言う。

　この事例では，泥だんご作りに興味をもちながらも，参加することに躊躇しているシンイーの隣に担任保育者が身をおき，「いいね，シンイーちゃん」とシンイーの名前を呼んだ。まず担任保育者が泥を触ってみせ，その後で泥のバケツをシンイーの前に置くことで，シンイーも泥に触ってみるように促した。さらに，担任保育者の指に泥をつけてシンイーの方へ差し出すことで，シンイーの反応をみると，シンイーが泥のついた指を避けたので，担任保育者はシンイーに泥を無理に触らせることはなく，泥遊びが苦手であることを笑いながら受け止めた。

　ここでは，言葉によるコミュニケーションが難しい外国人幼児に対して，自ら遊びの中に入り，身振りによって遊びへの参加を促すという担任保育者の対応の特徴がみられた。さらに外国人幼児がその遊びに応じなくても，無理強いすることはなく，担任保育者が笑ってみせることで楽しい雰囲気を作り，その子どもが嫌だと感じている理由を探ろうとしていた。すなわち，担任保育者が参加するように働きかけた上で，その子どもが遊びに参加するまで待つ姿勢や，言葉では伝えられない子どもの気持ちを子どもの表情や行動から読み取ろうとしていた。

　その後シンイーは，徐々に泥を触って泥だんごを自分で作るようになった。すると担任保育者は，「遊ぶ力みたいなものは，すごくついてきたかなって最近。（中略）泥だんごも最後は自分で握って，つるつるのができたりして。本来もってる躍動感じゃないけど，そんなのがしっかり出せるようになってきたのかなって」と話した。また入園したばかりの4月には，日本人幼児が取り組む制作活動を見ていることが多かったシンイーが，5月にはシンイーも取り組むようになったという変化を担任保育者は，「（シンイーは）状況を見て学ぶというのがすごい。（中略）幼稚園だと余計，じっくり観察する時間みたいなも

のがたぶん必要なんだろうと。友達のしていることをじっくり見るみたいな時間があって，おもしろいと思ってもまだ手は出さなくて，あらためて自分の気持ちが落ち着いてやってみようという気持ちがもてたら，ぱーっと作っていく時期がある」と話した。

この語りから，担任保育者はシンイーに遊びや他児を観察する時間を与え，シンイーが自分から参加するまで見守っていたことがわかる。シンイーが「本来もってる躍動感」と担任保育者が表現したように，言葉も文化も違う日本の幼稚園で，外国人幼児が自分のありのままの姿を出せるようになるには，特に時間や保育者の援助が必要であった。担任保育者はこのことを意識して，シンイーに急いで活動に参加させることなく，継続的に見守っていたことがわかる。

シンイーはじっくりと友達が遊ぶ姿を観察する時間と空間を与えられたことで，シンイー自身のやってみたいという気持ちの高まりとともに，安心感をもって取り組むようになり，その後もさまざまな遊びに参加するようになった。

シンイーが中国の幼稚園に通園していた時には経験したことのなかった泥だんご作りのような遊びに，日本の幼稚園という言葉のわからない環境において取り組めるようになったのは，焦らずにシンイーが自ら取り組むようになるまで待った担任保育者が傍らにいたからである。そのため，シンイーは興味や関心に沿って自分の思いを表現できるようになったのである。

2　集団活動への参加

次に，日本の保育所の5歳児クラスに4月に入った男児カール（父親ペルー人，母親ドイツ人）の事例を紹介する。カールの家庭では，主にドイツ語が使用され，カールは日本語がわからない状態で入所した。筆者はカールの担任保育者とカールの保護者との個別面談や保育参観での会話を通訳し，連絡帳やおたよりを翻訳しながらデータを収集した（詳細は管田，2006a を参照）。

事例2　朝の体操やのりづけを嫌がるカール

カールの母親によれば，カールがドイツで通園していた幼稚園では集団

活動がほとんどなかった。しかし，カールが入園した日本の保育所では毎朝，朝の会に保育者と子どもたち全員で体操が行われ，カールはこの体操に参加したがらなかった。入園して約1カ月間，保育者や他児から誘われても，カールは廊下から体操を見ているだけであった。

　また担任保育者が書いた連絡帳には，「（カールが）こいのぼりの制作で，こいの目を描きのりづけさせようとすると嫌がり，まったくしようとしないので，隣の子がしてくれました」（4月20日）とあったように，手がのりで汚れるのを嫌がった。しかし，「嫌がっていたのりづけを一緒にやってみました。以前は絶対手を出さなかったのですが，今日は素直に動かしてくれました」（6月3日）と担任保育者が書いたように，カールは変化していき，そのことを日々保護者に記して伝えていた。

　連絡帳は筆者が定期的にカールの家を訪問し，日本語から英語に訳していた。そのため，カールの母親は参観日に活動に参加しないカールを見たが，「私（母親）が側にいると（カールは）しないけれど，（カールは保育所での活動に）いろいろと参加しているようだし。連絡帳にその日にしたことも書いてあるから」（7月3日）と話し，心配していない様子だった。また，「連絡帳で，『今日はこんな活動をした』『こういうものは食べた』『これはして，これはしなかった』と毎日知らせてくれるのがいいわ。保育所での様子がわかるから。ドイツではそういうシステムがないのよ」（9月9日）と話した。

　カールが朝の体操に初めて参加したきっかけは，仲の良くなった子どもが体操する姿を見て，その子どものまねをしたことであった。保育者や他児がカールを体操に誘い続けながら，カールが自分から参加するまで待つ姿勢が，カールのように家庭環境や生活経験の異なる子どもには必要であった。

　また，担任保育者が保育所でのカールの様子を連絡帳で継続的に保護者に伝えたことで，保護者は安心し，担任保育者との信頼関係が築かれていった。そんな保護者と担任保育者とのやりとりを見ていたカールも，担任保育者や保育所に安心感を持つようになったと考えられる。

3節　遊びや生活を通した総合的な指導

　遊びや生活を通して総合的に指導することが，保育内容を考える上で期待されている。ここでは，保育内容の5領域すべてにつながる活動を通して，子どもが総合的に学んでいく姿を事例から捉えたい。

　広島県にあるかえで幼稚園の実践は，『あそんでぼくらは人間になる～子どもにとって遊びとは～』と題して2012年7月にテレビ放送され，FNSドキュメンタリー大賞を受賞した。この映像と解説は，『映像で見る主体的な遊びで育つ子ども──あそんでぼくらは人間になる』（大豆生田・中坪，2016）として出版された。

　この実践の映像の中から，5歳児の2クラスが運動会において，クラス全員で積み重ねた箱の高さを競った競技，「箱んでハイタワー」の事例を取り上げて，保育内容について考える。

事例3　箱んでハイタワー

　年長のたいよう組とあおぞら組の保育者が，その年の運動会の種目について園長と話し合っている。「子どもたちの持っているものが最大限引き出されるにはどうしたらいいかということ，それが我々にも問われている」と園長。（中略）

　たくさんの空き箱をガムテープなどで貼り合わせて，大きな箱のブロックを作る作業が始まった。初めはあまり意欲的でなかったたいよう組も，クラス内で3つのチームに分けてそれぞれで考えさせることにより，子どもたちがやる気になったようだ。あおぞら組では，一番大きい箱を一番下に置き，そこからだんだんと箱が小さくなるように積み上げて安定したブロックを作るなど，子どもたちによるさまざまな創意工夫が見られた。

　1回目の練習試合。（中略）終了の合図で子どもたちは元の位置へ。そのとき，突然，強い風が吹き，せっかく積み上げた箱が次々に落下してし

まう。どうすることもできず，ただ呆然と見守るしかない子どもたち。園長がメジャーを使って，すっかり低くなった箱のタワーを計測（1クラス3カ所まで積むことができ，その高さの合計を競う）。結果は，あおぞら組の勝利。（中略）負けたたいよう組のクラスでは，反省会と作戦会議が開かれていた。保育者の「なんで負けたんだと思う？」という問いかけに，「風！」と答える子どもたち。「でも，風だけかな。あおぞら組のは全部は倒れなかった。たいよう組のだけ倒れた。風は同じように吹くはず」という保育者の言葉。子どもたちからは，横幅の大きな箱を作って土台部分に置いたり，長い竹の棒に箱を通したりといった，斬新なアイデアが出され，試行錯誤が繰り返される。

2回目の練習試合。たいよう組は，前回よりも大きな箱のブロックを抱えた子どもが多い。大きな箱から小さな箱へ，積み上げる手際も良くなっている。前回とは比べものにならない高さのタワーがいくつも出来上がった。（中略）今回勝ったのはたいよう組。負けたあおぞら組では，さっそく，箱の改良が行われていた。たくさんの箱を貼り合わせたブロックの上下をダンボールの板で覆い，凸凹のない水平な状態にして，より安定感が出るようにした。また，広げたダンボールの両側に紙パイプを貼り付けてダンボールの壁を作り，高く積み上げたタワーの支えになるように工夫した。

そして運動会当日。（中略）スタートの合図で走り出し，所定の場所に箱のブロックをみるみる積み上げていく。「ダンボールの壁」などの秘密兵器も登場。台に乗らなければ届かないほどの高さのタワーがいくつも出来上がっていく。そして，運命の計測タイム。固唾をのんで見守る子どもたち。たいよう組とあおぞら組の高さを示す2本のテープは，ほぼ同じ長さ。結果は，あおぞら組の勝利。園長が「計測誤差の範囲かもしれませんが……」と一瞬ためらうほどの，わずか3cmの差であった。（大豆生田・中坪，2016，pp. 60-63）

まずこの事例は，「子どもたちの持っているものが最大限に引き出される」

ために，子どもたちが自ら考えたことを形にし，試行錯誤することで競い合う競技である「箱んでタワー」を保育者たちが選んだところから始まる。運動会のような行事において，保育者の指導のもと，子どもたちが知識や技術を身につけ，それを披露することがある。しかし，そうではなくて，保育者が手出しすることなく子どもたちから出されたアイデアを大切にし，運動会当日まで子どもたちが主体的に活動した点がこの事例の特徴である。

　運動会当日までに，約1カ月の時間をかけて，子どもたちはより高く箱を積み上げるためのアイデアを出し合った。その間練習試合を2回重ねることで，互いのクラスのアイデアにも触れて，自分たちの作戦に取り入れる姿も見られた。

　実際に子どもからはさまざまなアイデアが出されたが，例えば「大きい箱から順に小さい箱を積み上げたらよい」という意見の背景には，今までに積み木遊びを経験し，その遊んだ経験から子どもたちが見つけた知恵があったと考えられる。また練習試合において，風が吹いたときに積んだ箱がほとんど倒れてしまったことから，子どもたちからは「土台となる箱の横幅を広げて，太いタワーにする」といったアイデアが出され，運動会当日まで試して準備した。

　この事例では，子どもたちは箱でタワーを作るという具体的な活動を通して，子どもたちがもつ高いタワーのイメージに近づけるために作戦を練り，実行していった。さらにこの活動は，保育内容の5領域の中で，体を動かして箱を積んでいくため，保育内容「健康」として考えられるものの，友だちとの意見交換（「言葉」「人間関係」）を通して，風といった「環境」にも考慮しながら，実際にアイデアを形にして積み上げていく（「表現」）活動であり，5領域すべてに関わる活動と言える。このような保育活動を通して，子どものさまざまな能力は伸ばされ，成長が促されていくのである。

10章　幼児教育における見方・考え方と保育内容　　139

4節　意図的・計画的な人的・物的な環境の構成

　前述したかえで幼稚園の映像の中から，もう1つ「コマに夢中！」の事例を
取り上げ，保育者による意図的・計画的な環境づくりについて考えてみたい。

〈事例4：コマに夢中！〉

　園舎の一角にコマ回しの空間がある。コマ回し専用のボードをたくさん
の子どもたちが取り囲んでいる。園長の目の前で5回連続でコマ回しに成
功すると，自分の名前が書かれたコマをもらえるルール。「よっしゃー！
コマGet！」成功してコマを受け取り，得意そうな表情をする子どもた
ち。

　コマ回しを始めたばかりのだいき。何度チャレンジしても，跳び跳ねた
り，横向きに転がったり……。しかし決してあきらめずに，紐をコマに巻
き付けては，投げる動作をひたすら繰り返す。努力の甲斐あって，初めて
コマ回しに成功。うれしそうな顔をするだいき。

　数日後，だいきのコマ回しは連続で成功するようになっていた。満を持
して園長に声をかけて，5回連続にチャレンジ。ところがさっきまでうま
くいっていたはずなのに，園長の見ている前では，緊張から何度やっても
うまくいかない。「乗り越えてほしいし，それだけに乗り越えた時は喜び
も大きい」と園長は語る。だいきの練習は続く。

　さらに数日後，5回連続に再度チャレンジ。投げる前に手を左右に動か
す自分なりのテクニックも身につけたようだ。何度か失敗しつつも，なん
とか4回連続で成功する。友だちの声援を受けて，だいきの顔に汗がにじ
む。そしてついに5回目に成功し，思わずガッツポーズ。「おめでとう」
と手渡された自分だけのコマを，じっくりとかみしめるように眺めるだい
きだった。（大豆生田・中坪，2016，pp. 22-23）

意図的・計画的な環境の下に実践される例として，この事例では，園長が見ている前で連続で5回コマを回せたら，名前入りのコマが手に入るという，園長によるしかけがあった。この事例の映像からは，子どもが5回連続でコマが回せるようになるまでには，大変な集中力が求められ，繰り返し練習した上で，さらに園長の前で連続でコマを回すというプレッシャーを乗り越える力や，失敗しても最後まであきらめずにやり抜く力が必要であるとわかる。だいきは失敗を繰り返しても，友だちの声援に支えられ，5回連続でコマを回すことができた。そして最後に，自分の名前入りのコマを園長から手渡され，だいきは達成感を味わいながらコマを眺めるのである。

保育所保育指針の「幼児教育を行う施設として共有すべき事項」の中には，新たに「育みたい資質・能力」が記されたが，この資質・能力はコマ回しの事例に通じるものである。具体的には，「豊かな体験を通じて，感じたり，気付いたり，分かったり，できるようになったりする『知識及び技能の基礎』」，「気付いたことや，できるようになったことなどを使い，考えたり，試したり，工夫したり，表現したりする『思考力，判断力，表現力等の基礎』」，そして「心情，意欲，態度が育つ中で，よりよい生活を営もうとする『学びに向かう力，人間性等』」である。

コマ回しは，伝承遊びとして小学校でも取り組むことがあるが，小学校教育との接続を意図して，幼児教育を行う施設で「育みたい資質・能力」は，まさにこのコマ回しの事例で見られた子どもの姿に見られる能力である。

5節 まとめ

本章では，幼児教育における見方・考え方として，保育内容を考える上で保育者に求められる視点について，事例を通して考えてきた。

多様なニーズを持つ子どもが保育所に入所するなか，保育内容を考えていく上で，幼児一人ひとりの違いを踏まえて，発達課題に即した指導が行われるこ

とが求められている。そのためには，遊びや生活を通して，取り組んでみたいという子どもの意欲を引き出し，子どもが主体的に関わっていくことが必要である。たとえ，実際に子どもが遊びに取り組むまでに時間がかかったとしても，子どもが自ら動き出すための時間と空間を与えることが，保育者に期待される。また，意図的・計画的に保育環境を作ることで，保育内容の5領域における子どもの成長が，総合的に促される。

　このような保育が実践されることで，子どもたちの持つ能力が伸ばされていき，それが小学校以上での学びの基礎となるのである。

引用・参考文献

大豆生田啓友・中坪史典　映像で見る主体的な遊びで育つ子ども──あそんでぼくらは人間になる　エイデル研究所　2016

管田貴子「外国籍幼児の保育所への適応過程に関する研究──留学生の子どもの事例から見えてくるもの」　保育学研究　44(2)　2006a　pp. 104-113

管田貴子「幼稚園教諭のもつ外国籍幼児への期待に関する研究──中国人女児の事例から見えてきた課題」　乳幼児教育学研究　15　2006b　pp. 25-33

佐藤郁　組織と経営について知るための実践フィールドワーク入門　有斐閣　2002

11章　保育内容と小学校の教科との接続のあり方

1節　就学前教育と初等教育の接続の重要性

1　就学前教育と初等教育の接続の難しさ

　わが国における就学前教育と初等教育の接続が問題となる背景には，就学前の子どもの大半が何らかの保育施設に通園していることがある（図11 - 1）。初等教育の接続において考えられるいくつかの問題の中でも，最も根本的で大きな問題がこの就園率の高さであり，これらの保育施設における就学前教育と初等教育において，子どもの生活様式そのものが大きく変化することは，接続の問題の大きな要因であると言える。しかしながら，現在のわが国の子育て家庭の状況を鑑みると，核家族化や共働き家庭の増加，ひとり親家庭の増加等，これらの保育施設の利用なしには子育てが困難という状況もある。さらに，初

※写真と本文の内容は直接的には関係ありません。

11章　保育内容と小学校の教科との接続のあり方　　143

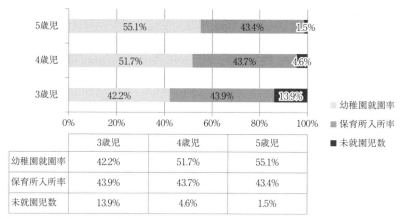

図11-1　就学前教育の利用状況
(厚生労働省，2016)

	幼稚園	保育所・認定こども園	小学校1年生
7:00		登所・自由遊び	
8:00			登校
9:00	登園・自由遊び		授業（45分×4時限）
10:00	日課活動	日課活動	
11:00			
12:00	昼食	昼食	昼食
13:00	清掃・自由遊び	午睡・自由遊び	昼休み
14:00	降園		授業（45分×1時限）
15:00	自由遊び等	おやつ	下校
16:00		自由遊び等	
17:00			
18:00	延長保育利用児降園	降所	
19:00		延長保育利用児降所	

図11-2　就学前教育と初等教育の1日の生活（例）

等教育開始までに集団生活の経験を積ませることや，良質の就学前教育を受けさせたいと願う保護者のニーズもあり，今後就園率が著しく下がるとは考えにくい。

　では，就学前教育をこれらの保育施設における教育と考えると（以下，就学前教育は保育施設における教育とする），子どもにとっては，就学前教育から初等教育へと移行した際に，1日の生活時間が大きく変化することとなる。こ

のような中で，新たな環境に適応するために時間が必要となるのは，何も子どもに限ったことではない。実際の子どもの1日の生活について見てみると（図11-2），就学前の3月と就学後の4月というわずか1カ月の間に大きな変化があることがわかる。さらには，生活時間だけでなく，教育方法においても大きな変化を伴う就学前教育から初等教育への接続は，就園率の高さと相まって，わが国のほぼすべての子どもが直面するリスクを抱えた問題となっているのである。

2　就学前教育と初等教育の接続の意義

　前項から，わが国のほとんどの子どもにとって，就学前教育から初等教育への移行には，大きなリスクを伴うことが確認できた。では，実際に就学前教育から初等教育への移行において問題となっていることにはどのようなものがあるのだろうか。

　就学前教育と初等教育の接続について考える契機として，1990年代後半より社会問題としても取り上げられるようになった「小1プロブレム」が挙げられる。小1プロブレムとは，「小学校1年生の子どもが引き起こす不適応行動によって，授業の不成立や集団生活の機能不全など，教師による子ども集団のコントロールが困難になるという教育問題」（小田・山崎，2017）とされている。これは，就学前教育と初等教育の子どもの捉え方と教育方法の違いに起因する。

　就学前教育では，乳幼児期の子どもの発達の特徴から，子どもの主体的・自発的な活動としての遊びや生活を通して，多様な経験の中から得られる学びを重視している。いわゆる，教育の目的が埋め込まれた「環境を通して」教育活動を展開しているのである。これは，教育の成果が数値や目に見える形で現れるものではなく，児童期以降の生涯を通して，学習態度の基礎となる探究心や好奇心を育てようとするものである。

　一方で初等教育では，教科ごとに系統的な知識の教授が行われ，その知識の定着が第一義として捉えられている。そのための教授法や授業法は多岐にわた

図11-3 就学前教育と初等教育の接続イメージ

り，各子どもの理解とクラス全体の理解が重視される。さらに就学前教育との大きな違いとして，いつまでにどの内容を教える必要があるかが規定されている。そのため，子ども自身の興味・関心を優先して，学習活動を個々の主体性に任せて展開するというよりは，学習内容に合わせていかに子どもの興味・関心を喚起させるかが教育者に求められる。つまり，就学前教育から初等教育への移行に伴い，子ども自身としてはまったく違うベクトルの学習活動に参加をしなくてはならなくなるのである。

　昨今では，就学前教育の最終年次と初等教育の初年次の相互乗り入れや，保育者と教育者の入れ替わり等，さまざまな取り組みが行われているが，子どもにとって就学前教育と初等教育の間は大きな段差ではなく，ゆるやかな接続となるようにハード面とソフト面の両方から配慮する必要がある（図11-3）。

2節　就学前教育と初等教育の「学び」

　就学前教育と初等教育とでは，それぞれ子どもの捉え方や学びの捉え方が質的に大きく異なる。この違いを理解していないと，それぞれの立場から「こうであるはず」という，わかったつもりで子どもに接することとなり，接続におけるズレをより大きくしてしまうこともある。そこで本節では，就学前教育と初等教育それぞれにおける，子ども理解と学びの特徴についてみていくこととする。

1 幼児期と児童期

　幼児期は，先にも述べたように主体的・自発的な活動としての遊びや生活を通して，多様な経験を基に自然や社会について学びを深めていく。その際，環境との相互作用により学びが深まることから，保育者は保育環境に細心の注意を払い，子どもの主体性・自発性が引き出されるように，多種多様な環境を構成する。また，遊びや生活を通して，自身の経験に基づいた学びの獲得がなされることも幼児期の特徴であり，保育者主導の活動は極力避けるべきである。例えば，「鬼ごっこ」を例に挙げると，子ども自身は友だちと思い切り体を動かし，「つかまえて嬉しい」や「つかまって悔しい」等の感情を豊かに表現する。時には，園庭の遊具を利用し隠れたり，友だち同士で協力して捕まえたりといった場面も見受けられる。このように，子どもからすると，主体的に心から楽しめる活動となっているが，保育者の目線から鬼ごっこを捉えるとそうではない。体を思い切り動かすことで心肺機能や運動能力を高めることが可能であるし，嬉しいや悔しい，協議する等，言語や身体表現を誘発できる。さらに，「遊具に隠れる」や「遊具を利用して追いかける」等の身の回りの環境を子ども自らが活用する場面も設定できるし，ルールのある遊びを経験することで社会の決まりに気づくきっかけ作りをすることもできる。このように幼児期では，保育者は教育の目的を環境の中に埋め込んで，子どもはその環境との相互作用を通して遊びの中から「学ぶ」のである。

　一方で，児童期は教室で個別の机・椅子に着き，教師が前に立って授業を行うのが基本的な教授法である。対象の子どもの発達から，系統だてた知識の理解や抽象的思考が可能となるため，教師主導による直接教授の方法が採られる。しかし，小学校就学年齢になったからといって，急にこのような学習スタイルが可能となるわけではない。幼児期に多様な経験を通して，学ぶ意欲すなわち「学びの芽生え」が育っていることが重要である。その上で，教科ごとに興味・関心を持って授業という形式での学習が可能となるのである。

　このような幼児期と児童期の発達の連続性と違いを双方の保育者・教師が踏まえていることが重要であり，段差のないゆるやかな接続が可能となるよう十

11章　保育内容と小学校の教科との接続のあり方　　147

分に配慮しなければならない。

2　保育内容の特色

　就学前教育の内容は，保育所では保育所保育指針，幼稚園では幼稚園教育要領，幼保連携型認定こども園では幼保連携型認定こども園教育・保育要領において規定されている。それぞれの内容において，共通するのは「環境を通して」生活や遊びの中で学びを深めるということである。加えて，3つの共通項目として「知識及び技能の基礎」「思考力，判断力，表現力等の基礎」「学びに向かう力，人間性等」という資質・能力が明記されている。さらに，保育のねらい及び内容に基づく活動全体を通してこれらの資質・能力が育まれた結果として，「幼児期の終わりまでに育ってほしい姿」としての10の具体的な姿が例示されている。

　この就学前教育における特色は，「領域」という考え方である。「領域」とは，健康，人間関係，環境，言葉，表現という5つで構成されており「5領域」と言われるが，これらは「子どもの発達を捉える視点」とされている。つまり，総合的な子どもの発達を便宜上「健康」という発達の視点で捉えるとこのような姿があるという考え方である。よって，5領域とは「子どもに教える教育内容」ではなく，5領域に見られるような発達の発現やそのために必要な経験を促すために，環境を通して保育を行うという考え方である。

3　教科の特色

　初等教育の特色は，「教科」と「授業」という点である。これは，教科ごとに分けられた系統的な知識を教師主導で子どもに直接的に教授するということである。ここでの教授内容は，小学校学習指導要領に教科ごとに記載されている。図11-4の「国語」の第1学年及び第2学年の「目標及び内容」の一部からわかるように，初等教育段階で重視されているのは，教師指導による「〜ができるようにする」という点である。初等教育はその後の中等教育以降へ，そして社会に出て一人の人間として生きる力を育むためにも，基礎的・基本的

> 第2 各学年の目標及び内容
>   〔第1学年及び第2学年〕
> 1 目標
>   (1) 日常生活に必要な国語の知識や技能を身に付けるとともに，我が国の言語文化に親しんだり理解したりすることができるようにする。
>   (2) 順序立てて考える力や感じたり想像したりする力を養い，日常生活における人との関わりの中で伝え合う力を高め，自分の思いや考えをもつことができるようにする。
>   (3) 言葉がもつよさを感じるとともに，楽しんで読書をし，国語を大切にして，思いや考えを伝え合おうとする態度を養う。
> 2 内容
> 〔知識及び技能〕
>   (1) 言葉の特徴や使い方に関する次の事項を身に付けることができるよう指導する。
>   ア 言葉には，事物の内容を表す働きや，経験したことを伝える働きがあることに気付くこと。
>   イ 音節と文字との関係，アクセントによる語の意味の違いなどに気付くとともに，姿勢や口形，発声や発音に注意して話すこと。

図11－4 小学校学習指導要領「国語」の一部

な知識及び技能を確実に習得させることが必要であり，このような特色を持つのである。

4 保育内容と教科

これまで述べてきたように，就学前教育と初等教育の間には学習者である子どもに求める姿が大きく異なり，それに応じて保育者・教師の教授法も大きく違う。では，就学前教育の3月から初等教育の4月という間にこの違いをどのように埋めればよいだろうか。

これまでも，小学校学習指導要領において，就学前教育との連携や交流についてはその機会を設けるように記されていた。また，就学前教育においても小学校との情報共有や連携を各施設および行政も含めて行う旨が記載されていた。実際には，年長児の一日小学校体験や，学校教諭による保育者体験，初等教育における「生活科」の授業などで就学前教育の方法論を踏襲した子ども主体の

11章　保育内容と小学校の教科との接続のあり方　　149

授業展開等が推奨されてきた。とはいえ，進学により子どもの生活リズムそのものが大きく変わることや，単一の授業だけが就学前教育の方法論で実施されたとしても，なかなか子どもの適応にはつながってこなかったというのが現状である。

　しかし，2017（平成29）年に保育所保育指針，幼稚園教育要領，幼保連携型認定こども園教育・保育要領に加えて小学校学習指導要領が改訂（定）され，それぞれにおいて，就学前教育と初等教育の接続について計画的に実施する必要性が強調された。就学前教育においては，施設種別を越えて「幼児期の終わりまでに育ってほしい姿」が示され，初等教育においてはその姿を踏まえて，特に低学年における教育全体のあり方について言及されている。保育内容と教科における違いについては，その考え方や方法論にいたるまで大きく異なっているが，今回の改訂（定）においてより踏み込んで言及されたことで，まずは相互の教育に対する理解が進むことが期待される。これまで，保育者の中には小学校学習指導要領を目にしたことがないという者が多数おり，逆に教師の中に保育所保育指針や幼稚園教育要領等を目にしたことがない者も多数であった。今回の改訂（定）が契機となり，相互の理解が進むことで，その先に相互の歩み寄りと連携がなされれば，保育内容と教科がゆるやかに接続されることが期待される。

3節　就学前教育と初等教育の接続の実際

　本節では，就学前教育と初等教育の接続に関する事例をもとに，ゆるやかな接続のために必要なことを考えてみる。

事例1「学校ごっこ」

　対象：年長児

ねらい：小学校への期待を膨らます

　　　　　45分間机に座って話を聞くことができる

　　　　　自分の知っていることを発表する

時期：年長1月〜3月

目的：初等教育に向けて，個別の椅子と机に着き，時間単位での活動ができるようになる。「授業」の進行方法による教育活動を経験し，その中で知識を得ることの満足感と他者に伝える達成感を得ることを目的とする。

〈考えてみよう！〉

・必要な環境構成には，どのようなものがあるだろうか？

・より実態に即した経験となるためには，どのようなことが必要か？

・さらに発展的な活動となるためには，どのようなことが考えられるか？

ポイント

　幼児にとっては小学校はいまだ非日常的空間なので，遊びの中であっても人的環境・物的環境両面において非日常空間を作ることが重要。

事例2「芋掘り」

対象：年長児・小学校1年生

年長児のねらい：季節を感じる

　　　　　　　　栽培活動・調理活動を通して命と食について感じる

　　　　　　　　小学生への憧れをもつ

小学校1年生のねらい（生活科）：栽培活動を通して，植物の生態を知る

　　　　　　　　　　　　　　　　さまざまな調理法から食の安全と調理

を学ぶ

年少児に対する思いやりと年長児とし
ての自覚をもつ

時期：5月〜11月

目的：就学前教育と初等教育の施設間で連携を取りながら，共通の題材を通して，それぞれの教育目標を達成する。保育者と教師の共通理解と協働の機会を作り，それぞれの子ども理解，教育法の違いに気づく。

〈考えてみよう！〉

・事前の準備には，何が必要だろうか？

・関係者の話し合いは，どれくらい必要か？

・それぞれが，活動後にどのように日常に活かすことができるか？

ポイント

　中・長期的な活動においては，事前の計画が必須となる。それぞれのカリキュラムと共通のカリキュラムをどのように作成し活用するとよいだろうか。

4節　ゆるやかな接続に向けて

　以上見てきたように，就学前教育と初等教育においては，子どもの生活リズムだけでなく，その教育方法においても大きな違いがある。その中で，子ども自身に適応を委ねるのは困難であろう。どのようにして，それぞれの保育者・教師がゆるやかな接続とすることができるかを考えることが必要不可欠である。しかもそれを相互に連携して，協働の中で成さなければ，実質的なゆるやかな

接続の実現は困難である。ゆるやかな接続がなし得ているかといえばいまだそうではない部分も多くあるが，保育所保育指針，幼稚園教育要領，幼保連携型認定こども園教育・保育要領，小学校学習指導要領の改訂（定）に合わせて，ゆるやかな接続についてもう一度保育者・教師が見つめ直し，実現に向けて協働を進めていくことが望まれる。

参考文献・引用文献

小田豊・山崎晃監修　幼児学用語集　北大路書房　2013
厚生労働省　社会保障審議会児童部会保育専門委員会（第2回）資料2「保育をめぐる現状」　2016（http://www.mhlw.go.jp/file/05-Shingikai-12601000-Seisakutoukatsukan-Sanjikanshitsu_Shakaihoshoutantou/02siryou.pdf）（2017年9月19日閲覧）
厚生労働省　保育所保育指針　2017
文部科学省　小学校学習指導要領　2017
文部科学省　幼稚園教育要領　2017

12章　乳児と満3歳までの保育内容

1節　乳児保育（3歳未満児保育）の意義

1　保護者の就労等を支援する

　これまで，多くの研究者や実践者が研究を重ねた結果，乳幼児期は人間の一生にとって最も重要な時期であると捉えられてきた。そのことは，最新の研究成果からも裏づけられており，人の生涯にわたる心身の健康や幸せに，乳幼児期における経験の質が大きく関わると指摘されている。

　特に乳児期は，家庭において保護者の下で育てられることが自然であり，また望ましいものであると考えられてきた。しかし，社会構造の変化に伴う女性の社会進出などから，家庭において乳児期の子どもたちを終日育てることが難しくなってきた。そのため社会的に保育サービスへの要請が高まり，家庭

※写真と本文の内容は直接的には関係ありません。

表12－1　年齢別入所児童数と構成比の推移

(2010 ～ 2014 年は「保育所関連状況取りまとめ」(4 月 1 日現在)，2015 年以降は「保育所等関連状況取りまとめ」(4 月 1 日現在) による)

年度	定員（人）	年齢別入所児童数（人）			
		0 歳児	1・2 歳児	3 歳以上児	計
2010 （平成 22）	2,157,890	99,223	642,862	1,338,029	2,080,114
		4.8%	30.9%	64.3%	100.0%
2011 （平成 23）	2,204,393	105,366	667,945	1,349,640	2,122,951
		5.0%	31.5%	63.6%	100.0%
2012 （平成 24）	2,240,178	108,950	689,675	1,378,177	2,176,802
		5.0%	31.7%	63.3%	100.0%
2013 （平成 25）	2,288,819	112,373	715,400	1,391,808	2,219,581
		5.1%	32.2%	62.7%	100.0%
2014 （平成 26）	2,335,724	119,264	739,693	1,407,856	2,266,813
		5.3%	32.6%	62.1%	100.0%
2015 （平成 27）	2,531,692	127,562	793,278	1,452,774	2,373,614
		5.4%	33.4%	61.2%	100.0%
2016 （平成 28）	2,634,510	137,107	837,949	1,483,551	2,458,607
		5.6%	34.1%	60.3%	100.0%

※ 2015，2016 年は幼稚園型認定こども園等，地域型保育事業を含む。

に代わる保育の場として乳児院や保育所などが求められてきた。1969（昭和44）年には乳児保育特別対策制度が創設され，さらに，少子化が進行する中で1994（平成 6）年にエンゼルプランが示され，保育所の多機能化を目指すなど，子育て支援のための基盤整備が実施されることとなった。

　その後，2007（平成 19）年の「子どもと家族を応援する日本」重点戦略から，2012（平成 24）年に子ども・子育て関連 3 法が制定され，2015（平成 27）年 4 月からは子ども・子育て支援新制度が施行された。また，3 歳未満児を中心とした保育所の利用児数が増加する中で（表 12 － 1），2017（平成 29）年 3月に保育所保育指針の改定が公示され，2018（平成 30）年より施行される。

2　子どもの発達を保障する

　女性の就労を支援する上で不可欠となる 3 歳未満児の保育ではあるが，子どもにとってはどのような意義があるのだろうか。

　心身のあらゆる側面に生じるめざましい変化は，胎児より誕生を経て，乳児

表12-2　年齢別入所児童数と構成比の推移
(森上史朗監修『最新保育資料集2017』ミネルヴァ書房，2017)

年度	乳児	1歳児	2歳児	3歳児	4歳児以上
1948-51	10：1			30：1	
1952-61	10：1		(10：1)	30：1	
1962-63	10：1　(9：1)			30：1	
1964	8：1		(9：1)	30：1	
1965	8：1			30：1	
1966	(7：1)			30：1	
1967	6：1			30：1	
1968	6：1			(25：1)	30：1
1969-97	(3：1)	6：1		20：1	30：1
1998-2014	3：1	6：1		20：1	30：1
2015-	3：1	6：1		(15：1)	30：1

期から学童期そして青年期に至るまで継続される。このような身体的・精神的な諸側面に生じる量的・質的な変化を，私たちは「発達」と呼んでいる。そして，3歳未満児の発達を保障することについては，集団保育の意味を考えることが重要である。

　1963（昭和38）年の中央児童福祉審議会の答申では，「2～3歳以下の乳幼児期においては，まず家庭において保育されることが原則でなければならないし，それが不可能な場合においても親密で暖かい養護が与えられるよう処遇を手厚くする必要がある」ということを基本原則とすべきであるとしている[注1]。保育士の配置基準（表12-2）の変化を見ると，少しずつではあるがその対応数が変化し，状況が改善されてきていることがわかる。保育者による，手厚い養護が必要であるということの現れである。

　また，3歳未満児保育についてはさまざまな実態調査が実施されており，その長所や短所が報告されているが，多様な因子が複雑に絡んでいるため，因果関係を単純に判断できるものではない。

　しかし，50年近い3歳未満児の保育実践の中で，物的・人的な条件が整備され，実証的に3歳未満児の保育内容や方法が確立されてきた。また，医学や発達心理学などといった保育に関わる分野からの助言や指導，協力があり，保育内容が大きく進化していることも明らかである。

最善の保育の提供を目指すために望ましい保育条件・保育内容を追求しながら，保育を必要とする子どもの発達を保障し，その福祉を増進することが，3歳未満児保育の意義であるといえる。

3　地域における子育てを支援する

少子化・都市化・核家族化の進行で地域における支え合いの機能が弱まり，子育ての伝承が困難になったことから，家庭や地域の子育て力が低下し，家庭における子育ては不安，孤独，ストレスに見舞われやすい中で行われている状況の中，子育てに対する社会的支援の必要性が唱えられて久しい。

また，不安定な雇用状況，氾濫する情報，人間関係の希薄化等といった社会状況のもとで，保護者自身もさまざまな生き辛さをかかえており，それが子どもたちの育ちにも大きな影響を及ぼしていると思われる。家庭が安定していない，親として育ちきれていない，子どもの育て方がわからない，精神疾患を患っているといった状況から，育児が十分にできず，親子関係の構築が不十分となり，子どもの精神状態が落ち着かず，さまざまな問題行動が表れる事例が増えている。保育所においても，さまざまな背景をかかえ，支援を必要とする子ども・保護者が増えてきている。さらに，保育所入所の要件に挙げられる「保育を必要とする子ども」の中に，保護者から虐待を受けている子どもが挙げられていることや，虐待を受けて亡くなる子どもに，3歳未満児が多いことも認識しておくべきである。

1990（平成2）年の「これからの家庭と子育てに関する懇談会報告書」の中で，初めて「子育て支援」という言葉が使われ，1994（平成6）年に施行された「エンゼルプラン」では専業主婦も視野に入れた子育て支援対策が展開され，2003（平成15）年の「次世代育成支援対策推進法」，さらに「児童福祉法」の改正へとつながってきた。

そして，2008（平成20）年に改定された保育所保育指針では，保育所保育の役割に「子育て支援」が謳われ，「保育所は，入所する子どもを保育するとともに，家庭や地域のさまざまな社会資源との連携を図りながら，入所する子

12章　乳児と満3歳までの保育内容　　157

どもの保護者に対する支援及び地域の子育て家庭に対する支援などを行う役割を担うものである」と記されている。また，2018（平成30）年に改正施行される保育所保育指針，幼稚園教育要領，幼保連携型認定こども園教育・保育要領においても，子育て支援は必須の条件として求められている。このような地域における子育てを支援する側面からも，保育所における3歳未満児の保育の意義がある。

2節　3歳未満児の発達の特徴

1　乳児と3歳未満児の姿

　人の生後3年間の成長は発達の速度が著しく，特に1年目は，目覚ましい成長を遂げ，人間として自立する大前提である歩行，離乳，コミュニケーションの手立てをほぼ獲得する。これらの力を獲得するために，まず保育者（母親）との愛着の確立が求められる。愛着形成により，人への基本的信頼感を育むこととなり，人との交流を喜び，温かい気持ちで交わることができるようになる。

　また，この時期は自分の生活圏内のすべての事物に対して，五感（視覚・聴覚・嗅覚・味覚・触覚）を通して理解していく。その中で，日常接しているものはいつもそこにあって，その性質が変わらないことを知り，自分の世界を把握し，安定して生活することができる。さらに，人によって育てられることにより，人間らしい感情表現，言葉によるコミュニケーション，歩行の習熟が身につく。保育者はそのモデルとして役立つのである。

　そして，生後2年目は，自立へと向けて歩み始める時期である。歩行の完成，探索活動による好奇心の広がりと物の認知の深まり，さらには言葉による確認，なんでも自分でやりたがる自立への意欲，大人の動作や音声を模倣する能力の発達などに支えられて，基本的な生活習慣を受け入れ，しだいに身につけていく。

　さらに，生後3年目の子どもは，幼児前期と呼ばれるように，幼児としての

特徴を発揮しはじめる。身の回りの始末の自立，他児への関心，話し言葉の習得よる会話の成立など，大人に依存しながらも，子ども同士の世界にひきつけられていく。また，この時期は，人間の持つあらゆる感情の芽生えが出そろうと言われるように，さまざまな感情（愛情，不安，恐怖，嫉妬，羞恥，誇り，正義感，怒りなど）が高まってくるため情緒の不安定さと，3歳にかけて急速に起こってくる自我意識の芽生えによる感情の激しい時期である。そのため，大人の優しい見守りと，賢明で寛容な関わりが必要な時期である。また，全身のバランス感覚や指先の操作機能が発達し，知的理解や集団の中での他児の影響を受けて自立に向かっていく時期でもある。

　保育の場において，保育の環境は人・物・場が関連しあって一つの環境を作りだしていくのであるが，3歳未満児保育においては，子どもの年齢が低いほど保育者の手にゆだねられる場合が多く，一人ひとりの子どもの成育歴の違いに留意しつつ，欲求を適切に満たし関わっていくことが大切である。

　さらに，保育内容と方法を子どもの活動的側面から捉えると「生活」と「遊び」の2つの分野に分けられるが，両者は互いに関連し合い，明確に一線を画すことは難しい。「生活」は主として生命と健康の保持の視点から捉え，「遊び」は子ども自身の欲求充足により生じる自己発揮のための活動と捉えることで保育内容を構築できる。

　次に，0歳児と1歳児の様子と保育内容のモデルを示す。乳児の保育内容を考える一助にして欲しい。

2　0歳児の様子とデイリープログラムの例

　この日，初めて支えなしで立つことができました（図12－1）。立ち上がった瞬間少しふらついて転びそうになりましたが，両手でバランスを取って立っています。保育者の「やったね」の声に，「あー」と声を出して反応し，両手をあげて喜びを表現しています。この2日後には，「2歩」歩けるようになりました。

12章　乳児と満3歳までの保育内容　159

図12−1　立つことができた0歳児の様子

> 歩けるようになり，友だちが入っている押し箱を力いっぱい押しています。中に入っている友だちが声を出して笑うと，嬉しそうです[注2]。

　これは0歳児の保育を担当する保育者のドキュメンテーションであるが，0歳児の生き生きとした様子がうかがえる。0歳児の特徴としては，①大人との関わりを求める，②著しい心身の成長，③一人ひとりの個人差，④身近な人に愛着を持つ，⑤探究心を持つ，⑥五感が育つ，などが挙げられる。
　また，0歳児に対する保育者の配慮としては，①子どもの要求やサインをしっかり見て関わる，②発達を的確に捉え必要な援助をする，③一人ひとりの生活リズムに合わせる，④安定して過ごせるよう常に特定の保育者が担当する，⑤探索行動が広がるような環境設定をする，⑥五感を育む保育環境を整備する，などが挙げられる。
　具体的には，子どもが舐めても安全な材料に配慮し，玩具の大きさが誤飲を招かないか確認することや消毒をして清潔を保つことも重要である。また，コンセントの穴にカバーをするなどの危険防止も大切となる。
　表12−3は，実際の保育現場における0歳児のデイリープログラムであるが，頻繁なおむつ交換が確認できる。おむつ交換の際は言葉をかけることや，身体をさするといったスキンシップによって愛情深く関わることが重要である。

表12-3　0歳児のデイリープログラム（めやす）

（資料提供：子ロバ保育園）

前期		後期	
時間	活動	時間	活動
7：00	順次登園 （7：00～9：00） 明るく挨拶 おむつ交換 遊び	7：00	順次登園 （7：00～9：00） 明るく挨拶 おむつ交換 遊び
9：00～ 9：30	おやつ・授乳 おむつ交換	9：00～ 9：45	おやつ・授乳 おむつ交換
9：30～10：15	睡眠（チェック）		
10：15～10：45	目覚め おむつ交換	9：45～10：45	遊び おむつ交換
10：45～11：30	離乳食 おむつ交換	10：45～11：40	食事 おむつ交換
11：30～12：30	遊び おむつ交換		着替え
12：30～14：00	睡眠（チェック）	11：40～14：30	睡眠（チェック）
14：00～14：30	目覚め・（検温）	14：30～15：00	目覚め（検温）
14：30～15：00	おむつ交換 おやつ・授乳		おむつ交換 着替え
		15：00～15：30	おやつ・授乳
16：00～16：30	おむつ交換 遊び	15：30～16：30	おむつ交換 遊び
16：30	降園	16：30	降園
16：30～19：30	随時降園 随時おむつ交換	16：30～19：30	随時降園 随時おむつ交換

3　1歳児の様子とデイリープログラムの例

　「ぎっこばっこひけば」と手をつなぎ，向かい合って歌に合わせて船を
こいでいるように，体を前後に動かして遊びます。

　いつも保育者が歌うと，特に体を後ろに倒すのが面白くて，声を上げて
楽しんでいます。遊んでいると友だちが手をつないでくれ，今度は友だち
と一緒にしていました。歌に合わせて2人で体を揺らし，笑い合って一緒
に遊ぶ楽しさも感じているようです[注3]。

12章　乳児と満3歳までの保育内容　　161

表12－4　1歳児のデイリープログラム（めやす）
（資料提供：子ロバ保育園）

時間	活動	時間	活動
7：00	順次登園	12：00～14：30	昼寝（チェック）
	（7：00～9：00）		
	挨拶		
	排泄	14：30～15：00	目覚め（検温）
	遊び		排泄
9：00～　9：20	おやつ		着替え
9：20～　9：45	排泄	15：00～15：30	おやつ
9：45～10：50	遊び	15：30～16：30	排泄
10：50～11：30	食事		遊び
11：30～12：00	昼寝準備		
	排泄	16：30	降園
	着替え	16：30～19：00	随時降園
			随時排泄

　1歳児の様子を示したドキュメンテーションからは，友だちへの関心が高まっていることがうかがえ，0歳児から大きく変化していることがわかる。1歳児の特徴としては，①自分の思いを持ち始める，②道具が使えるようになる，③片言の言葉で共感し合う，④「同じ」を楽しむ，⑤「好き」「嫌い」が明確になる，などが挙げられる。

　そのような1歳児に対する保育者の配慮としては，①子どもの思いを上手に受け止める，②十分な探索活動の中でさまざまなものと出会わせる，③実感と言葉が結びつく経験を十分にさせる，④模倣し合い，心を通わせる，⑤子どもの「こだわり」に対して丁寧に応対する，などが挙げられる。

　保育者以外にも気になる存在として友だちが認知されるようになるが，同時に噛みつくといった子ども同士のトラブルも多発する。保育者にはそれぞれの子どもたちの思いを取り次ぐ役割が必要となる。また，行動範囲が広がるため転倒事故が増加する。したがって，常に子どもたちの行動を確認し，鼻や口に物を入れていないかなどの細かな配慮も重要となる。

　表12－4は1歳児のデイリープログラムであるが，0歳児とは大きく異なり，排泄などの基本的な生活習慣に関しても，子どもたち自身で取り組み始めることがうかがえる。

図12−2　1歳児の子どもたちが遊ぶ姿

3節　3歳未満児保育の課題

1　乳児保育における保育者の専門性

　出生に関する重要指標である合計特殊出生率は，1989（平成元）年に1.57となり，一人の女性が生涯に1.57人しか出産しないことを表す「1.57ショック」という言葉が生まれた。その後，さまざまな対策が取り組まれているが，少子化の傾向は続いている。子どもたちを育てる環境が大きく変化してきている現実を受け止め，保護者の子育てを社会が総力でサポートしていかなければ，子どもたちが期待するように育たない時代になってきた。

　子どもを乳児期より集団保育に委ねたいという保護者が多くなってきている中，幼稚園に対しては1・2歳から通わせてほしいという要望が寄せられ，保育所なども乳児保育の枠を拡大することに努力をしている。

　社会的に強く求められている3歳未満児の保育を支えるためにも，保育者に高い専門性が求められている。保育士の専門性としては，①子どもの発達に関する専門的知識を基に子どもの育ちを見通し，その成長・発達を援助する技術，②子どもの発達過程や意欲を踏まえて，子どもが自ら生活していく力を細やかに助ける生活援助の知識・技術，③保育所内外の空間や物的環境，さまざ

まな遊具や素材，自然環境や人的環境を生かし，保育の環境を構成していく技術，④子どもの経験や興味・関心を踏まえ，さまざまな遊びを豊かに展開していくための知識・技術，⑤子ども同士の関わりや子どもと保護者の関わりなどを見守り，その気持ちに寄り添いながら適宜必要な援助をしていく関係構築の知識・技術，⑥保護者等への相談・助言に関する知識・技術などが挙げられ，多岐にわたることが理解できる。

しかし，3歳未満児までの保育においては，子どもの年齢が低いほど保育者の手に委ねられる場合が多い。そのため，一人ひとりの子どもの成育歴の違いに留意しつつ，欲求を適切に満たし関わることができるためにも上記に示した多岐にわたる専門性が保育者に求められているのである。

2　求められる安全保育の概念

『乳児保育の基本』（汐見他，2007）の中で，汐見稔幸が「乳児保育は，子どもがこの世に産み落とされて，さまざまな人と出会い，さまざまな体験をしながら，その子のその子らしい人生の物語を創造していく，その第一歩」と述べているように，3歳未満児までの保育を実践するときの意義をしっかり踏まえて保育実践に取り組みたい。

そのためにも，乳児と3歳未満児までの保育内容については，安全保育が実現されているかについて十分な配慮を求めたい。3歳未満児までの保育の中心的概念は，子どもの生命を護るための安全が確保されているかであるとしても過言ではない。それは3歳未満児までの子どもが，特に生命を護るための大人の配慮を必要としているからである。

加えて，安全保育の一つの視点として，慣らし保育の重要性を指摘しておきたい。3歳未満児以上の幼児については，保育現場に対して不慣れであったとしても，そのことが直接的に子どもの命と関わるようなことは考えられないといってもよい。例えば，慣れない保育所に行きたくないとぐずったとしても，やがては保育者や他の子どもたちとの遊びに対する期待が上回り，保育現場での生活を楽しみにするようになることが一般的である。それは，3歳未満児以

上の子どもでは，幼いながらも精神を支えるだけの肉体ができあがっていると指摘できるからである。

　しかし，乳児と３歳未満児までの子どもは，決してそうではない。初めて保育所に通わなければならないとき，子どもたちが感じる不安の大きさは，私たち大人が感じるものとは比べものにならないほど負担を強いるものだといえる。たとえ，初めは興味津々で保育室を眺めていたとしても，保護者の姿が確認できなくなったときには，大きな不安に陥り，泣き叫ぶことしかできなくなる子どもたちが多い。保育現場に不慣れなことが原因となった泣き疲れは，特に幼い子どもたちの心と体にとって非常に大きな負荷がかかる。それは時として，直接的に命に関わるほどのストレスになりかねない。だからこそ，保護者と保育者は，大人の都合を優先するのではなく，幼い子どもたちの命を最優先に考えて行動しなければならないのである。

　ただ，慣らし保育の期間は，仕事の都合を考えなければならない保護者にとっては負担となる。また，保育者にとっては，子どもの様子を十分に確認できるように保育現場の態勢を整えなければならず，普段の業務以上に忙しい時間を過ごさなければならない。しかし，それはランゲフェルド（1980）が指摘するように本質的に大人に依存することしかできず，われわれ大人を信頼することしかできない幼い子どもの命を護ることにつながるのである。そのことを考えれば，大人が引き受けなければならない大切な義務の一つだといえる。すでに，和田（2002）は，子どもに大きく関わる親と保育・教育に携わる者が，最大の熟慮と勇気を必要とする時代になっていると警鐘を鳴らしているが，われわれは今一度，幼い子どもの命を護るための覚悟を新たにする時期に来ているのではないだろうか。

注１　中央児童福祉審議会保育制度特別部会「保育問題をこう考える」——中間報告　1963　p.86
注２・３　社会福祉法人照治福祉会浦堂認定こども園の保育実践である。

参考文献

厚生労働省　保育所保育指針　2008，2017
厚生省「これからの家庭と子育てに関する懇談会報告書」　労働法律旬報　1233
　　1990　pp. 69-73
汐見稔幸，小西行郎，榊原洋一編著　乳児保育の基本　フレーベル館　2007
文部科学省　幼稚園教育要領　2017
内閣府・文部科学省・厚生労働省　幼保連携型認定こども園教育・保育要領　2017
ランゲフェルド，M. J. 著　和田修二監訳　よるべなき両親──教育と人間の尊厳を
　　求めて　玉川大学出版部　1980
和田修二　教育の本道　玉川大学出版部　2002

13章　3, 4, 5歳児の保育内容

1節　幼児期に育つ力

　幼児期は，乳児期ほど身長や体重などの見た目に大きな変化は生じないが，徐々に「できなかった」ことが「できる」ように，「感じられなかった」ことが「感じられる」ようになり，年月を経るにつれて身体的・精神的・社会的に大きく成長する。その成長の度合いは，年齢に応じた適切な体験や経験が得られるかにより異なってくる。そのため，各年齢段階における適切な環境構成や援助が必要となる。また，前段階で得られた力が次段階の成長に影響していることが報告されている。例えば，3歳児期の生活習慣の習得状況と4歳児期の"自己抑制""がんばる力""論理性"との関係性について図13 - 1に示す。

　この図は子どもをもつ母親を調査対象として，4歳児の子どもが「自分がや

※写真と本文の内容は直接的には関係ありません。

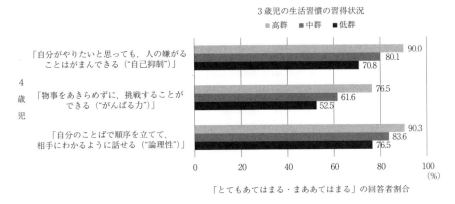

図 13−1 3歳児期の生活習慣の習得状況と4歳児期の"自己抑制""がんばる力""論理性"の関係

(ベネッセ教育総合研究所「第1回 幼児期の家庭教育調査・縦断調査」, 2014のデータをもとに筆者作成)

りたいと思っても, 人の嫌がることはがまんできる」("自己抑制"),「物事をあきらめずに, 挑戦することができる」("がんばる力"),「自分のことばで順序を立てて, 相手にわかるように話せる」("論理性") という質問項目に対して,「とてもあてはまる・まああてはまる」と回答した割合を, 3歳児期の生活習慣の習得状況（高群, 中群, 低群）[注1]別に示している。3歳児期に生活習慣をより身につけている子どもの方が, 4歳児になった際の"自己抑制""がんばる力""論理性"が育ちやすいといえる。これらの結果から, 3歳児・4歳児・5歳児と年齢を重ねていく中で, それぞれの段階で培ってきた知識や技能, 習慣が土台となり, 次の年齢段階での豊かな経験や体験につながっていることがわかる。

さらに, 図13−2は年長児の「生活習慣」「がんばる力[注2]」「言葉[注3]」と小学校1年生時の「大人に言われなくても自分から進んで勉強する」の関連性を示している。この図は, 年長児期に「生活習慣」「がんばる力」「言葉」が身についている子どもほど, 小学校1年生時に「大人に言われなくても自分から進んで勉強する」ことができることを示唆している。つまり, 幼児期の各年齢段階で身につけた力の蓄積が, その後に子どもが生活する上で求められる力へつ

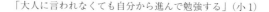
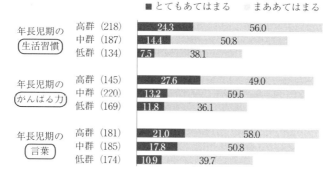

図13−2 年長児期の「生活習慣」「がんばる力」「言葉」と小学校1年生時の「大人に言われなくても自分から進んで勉強する」の関係
（ベネッセ教育総合研究所「幼児期から小学1年生の家庭教育調査・縦断調査」, 2016）

ながっていくといえる。そのため, 保育者は長期的な視野で援助や環境構成を考える必要がある。

2節 「幼児期の終わりまでに育ってほしい姿」

　幼稚園教育要領, 保育所保育指針, 幼保連携型認定こども園教育・保育要領では, 遊びを通した総合的な指導を行う中で, 3つの柱として,「知識及び技能の基礎」「思考力, 判断力, 表現力等の基礎」「学びに向かう力, 人間性等」を一体的に育んでいくことの重要性が示されている。そして, それら資質・能力の3つの柱を踏まえて, より具体的に「幼児期の終わりまでに育ってほしい姿」も明記された。各要領・指針において, 具体的に10項目が挙げられている。これら10項目および5領域との関係については, これまでの章でも言及されてきたが, あらためて表13−1に示す。なお, この表は幼稚園教育要領をもとに作表したが, 全施設で一貫した幼児教育を行っていく方針が打ち出さ

13章　3, 4, 5歳児の保育内容　　169

表13－1　「幼児期の終わりまでに育ってほしい姿」と5領域の関係
（幼稚園教育要領，および無藤隆『平成29年告示 幼稚園教育要領 保育所保育指針 幼保連携型認定こども園教育・保育要領 3法令改訂（定）の要点とこれからの保育』チャイルド社，2017をもとに筆者作成）

5領域	項目	「幼児期の終わりまでに育ってほしい姿」
健康	①健康な心と体	幼稚園生活の中で，充実感をもって自分のやりたいことに向かって心と体を十分に働かせ，見通しをもって行動し，自ら健康で安全な生活をつくり出すようになる
人間関係	②自立心	身近な環境に主体的に関わり様々な活動を楽しむ中で，しなければならないことを自覚し，自分の力で行うために考えたり，工夫したりしながら，諦めずにやり遂げることで達成感を味わい，自信をもって行動するようになる
	③協同性	友達と関わる中で，互いの思いや考えなどを共有し，共通の目的の実現に向けて，考えたり，工夫したり，協力したりし，充実感をもってやり遂げるようになる
	④道徳性・規範意識の芽生え	友達と様々な体験を重ねる中で，してよいことや悪いことが分かり，自分の行動を振り返ったり，友達の気持ちに共感したりし，相手の立場に立って行動するようになる。また，きまりを守る必要性が分かり，自分の気持ちを調整し，友達と折り合いを付けながら，きまりをつくったり，守ったりするようになる
	⑤社会生活との関わり	家族を大切にしようとする気持ちをもつとともに，地域の身近な人と触れ合う中で，人との様々な関わり方に気付き，相手の気持ちを考えて関わり，自分が役に立つ喜びを感じ，地域に親しみをもつようになる。また，幼稚園内外の様々な環境に関わる中で，遊びや生活に必要な情報を取り入れ，情報に基づき判断したり，情報を伝え合ったり，活用したりするなど，情報を役立てながら活動するようになるとともに，公共の施設を大切に利用するなどして，社会とのつながりなどを意識するようになる
環境	⑥思考力の芽生え	身近な事象に積極的に関わる中で，物の性質や仕組みなどを感じ取ったり，気付いたりし，考えたり，予想したり，工夫したりするなど，多様な関わりを楽しむようになる。また，友達の様々な考えに触れる中で，自分と異なる考えがあることに気付き，自ら判断したり，考え直したりするなど，新しい考えを生み出す喜びを味わいながら，自分の考えをよりよいものにするようになる
	⑦自然との関わり・生命尊重	自然に触れて感動する体験を通して，自然の変化などを感じ取り，好奇心や探究心をもって考え言葉などで表現しながら，身近な事象への関心が高まるとともに，自然への愛情や畏敬の念をもつようになる。また，身近な動植物に心

		を動かされる中で，生命の不思議さや尊さに気付き，身近な動植物への接し方を考え，命あるものとしていたわり，大切にする気持ちをもって関わるようになる
	⑧数量や図形，標識や文字などへの関心・感覚	遊びや生活の中で，数量や図形，標識や文字などに親しむ体験を重ねたり，標識や文字の役割に気付いたりし，自らの必要感に基づきこれらを活用し，興味や関心，感覚をもつようになる
言葉	⑨言葉による伝え合い	先生や友達と心を通わせる中で，絵本や物語などに親しみながら，豊かな言葉や表現を身に付け，経験したことや考えたことなどを言葉で伝えたり，相手の話を注意して聞いたりし，言葉による伝え合いを楽しむようになる
表現	⑩豊かな感性と表現	心を動かす出来事などに触れ感性を働かせる中で，様々な素材の特徴や表現の仕方などに気付き，感じたことや考えたことを自分で表現したり，友達同士で表現する過程を楽しんだりし，表現する喜びを味わい，意欲をもつようになる

れており，保育所保育指針，幼保連携型認定こども園教育・保育要領でも多少の表記の違いはあるが，同様の内容が示されている。

「幼児期の終わりまでに育ってほしい姿」10項目は，これまで要領や指針等で示されていた5領域の内容に基づいたものである。また，これらは幼稚園・保育所・認定こども園すべてに共通している。子どもがどの園に通っても，保育者はこれら10項目が身につけられるような環境を用意し，保育の質を保証できるように，各発達段階において，子どもが生きる力の基礎を育めるよう支援することが求められている。

「幼児期の終わりまでに育ってほしい姿」は，3歳児，4歳児，5歳児のそれぞれの時期での子どもの経験の積み重ねによって育まれる。そして，「幼児期の終わりまでに育ってほしい姿」はそれぞれの項目を個別に取り出して指導するものではなく，幼稚園・保育所・認定こども園の生活の各場面において，10項目が複合的に関連し合いながら育っていく。例えば，「①健康な心と体」を育てるために運動遊びを，「⑦自然との関わり・生命尊重」のために草木染めをするというように保育内容を考えるのではなく，運動遊びをする中で，「①健康な心と体」だけでなく，「②自立心」「③協同性」など多様な資質・能力が

13章　3，4，5歳児の保育内容　171

育つと捉える必要がある。

　そこで，「幼児期の終わりまでに育ってほしい姿」と関連させながら，3歳児，4歳児，5歳児の保育内容について解説する。

3節　事例からみる3歳児，4歳児，5歳児の特徴と保育内容

1　3歳児の保育内容

a. 3歳児の発達と保育の特徴

　3歳児は，基本的な生活習慣が身につき，親や保育者の力を借りなくても，子ども自身が自分でやってみるという意識が育つ時期である。発達の個人差が大きい時期でもあり，細かい作業や複雑な思考を伴う遊びは難しい場合が多い。

　3歳児の遊びの特徴として，近くで友だちが同じ遊びをしていても一緒に遊ぼうとせず，黙々と一人で遊び続ける平行遊びがみられる。一方で，好きな遊びを見つけると，熱中して楽しむことができる。そして，次第に友だちや保育者といることが楽しくなる移行時期でもある。

　3歳児を保育する際，3歳から入園する子どもが多いことから，それまでの集団生活に関する経験の有無によって，幼児が園生活へ速やかに適応できるかどうかに差が生じやすい。3歳から入園する幼児にとっては，保育者との信頼関係が集団生活を送る上での基盤となる。保育者との間に育まれた信頼関係をもとに，子どもは保育者を介して探索をし，好きな人や夢中になれるものを見つけることができる。そして，そこから友だち関係の深まりや活動範囲が拡大する中で，徐々に園にも慣れていく。つまり，保育者との信頼関係が，初めて集団生活を経験する子どもにとって，非常に重要となってくる。子どもにとっては，集団生活は初めてのことばかりで戸惑いも多い。そのため，保育者がしっかりと子どもにとっての安心した居場所を作るとともに，子どもが新たな他者や物と出会える環境作りを行うことが必要である。

b．３歳児を保育する上でのポイント

> **事例１　３歳児の遊び（５月）**
>
> 　保育室中央で，アヤが画用紙に描いたマグネット付きの魚の絵を何枚も床に広げ，マグネットがついた竿で魚釣りをして遊んでいる。アヤは黙々と魚を釣り上げ，釣った魚を収納ボックスに入れていく。(a) 保育者がアヤの近くに来て，「いっぱい釣ったね。すごいじゃない」とアヤを褒める。アヤは釣れた魚をうれしそうに保育者に見せる。保育者はそのようなアヤに「すごいね〜」と応える。すると，近くでアヤの様子を見ていたリサも釣り竿を持ってアヤのそばで魚釣りを始める。(b) アヤとリサは同じ魚を釣りそうになったりもしたが，お互い声は掛け合わない。また，アヤが魚を釣り，保育者に見せに行っても，リサに見せることはなかった。その後，リサは釣れなかったため，釣り竿を置き，他の場所へ移る。しかし，アヤはリサの方には一切視線を送ることなく，魚釣りを続けている。

　事例１は幼稚園入園当初の３歳児の遊びについてである。事例１において，アヤは友だちを誘うことなく，黙々と魚釣りで遊んでいる。そのような中，下線（a）で，保育者が「いっぱい釣ったね。すごいじゃない」とアヤに語りかけると，アヤはうれしそうに保育者に魚を見せている。このように，保育者は子どもが熱中して遊びに入り込んでいる姿を受け止め，認めている。そして，このような保育者に対し，アヤのうれしそうに甘えている様子が見受けられる。３歳児は保育者に対して甘えや安心感を抱き，それを表情や行動で表出することが多い。本事例は幼稚園に入園して間もない時期であり，子どもの不安や心配は強いと考えられる。そのため，保育者が子どもの安心基地として寄り添うことが必要となってくる。

　一方で，下線（b）で，リサがアヤの近くで一緒に魚釣り遊びを始めても，アヤとリサはお互い目を合わせることも，言葉を掛け合うこともなかった。同じ遊びをしていても，お互い自分の遊びのみに夢中になっている様子が見受け

られた。家庭から初めて集団生活に入る子どもにとって，同年齢の子どもと関わる経験は少なく，戸惑うことも多い。まずは園生活に慣れることによって，徐々に同年齢の子どもにも興味・関心を持ち，一緒に遊ぶことが楽しくなってくることからも，この時期は焦らず，保育者はゆっくりと子どもが居心地がよいと思えるような環境を作ることに努める必要があるだろう。

　事例1において，一人で最後まで魚釣りを行うアヤの行動は，「幼児期の終わりまでに育ってほしい姿」の「自立心」などにつながる行動といえる。また，釣った魚を保育者に見せに行く姿はアヤの保育者に対する信頼感の現れと捉えることができる。このような保育者との関わりは，今後友だちと関わる際の基盤となることから，先述した10項目の「協同性」や「言葉による伝え合い」につながる重要な姿である。

2　4歳児の保育内容

a. 4歳児の発達と保育の特徴

　4歳児はやってみたいという好奇心や興味・関心を，実際の行動に移し，遊びを拡大することができる時期である。跳ぶ・走る・登るといった運動能力も3歳児と比較すると飛躍的にできるようになるため，よりダイナミックな活動を展開することができる。また，想像力も豊かになり，それを言葉で表現したり，他者に伝えることもできるようになる。

　4歳児は，言葉の発達に伴い，他児とコミュニケーションを取りながら，集団で遊ぶことができるようになる。3歳児と比べ，4歳児は全身を動かしながら友だちと一緒に遊ぶことができるとともに，身近な事物や事象にも関心を持ち，自分たちで疑問に思ったことや興味・関心のあることを探究できるようになる。また，友だちの動きやアイデアに感化されたり，実際にまねることでいろいろな技を身につける。そして，それらをもとに自己表現することができる時期でもある。そのため，4歳児を保育する際は，遊びの質を高めるような環境を作ったり，子どもの想像力を刺激するような多様な場を構成するように努める必要がある。一方で，集団で遊ぶ際，しっかりと相談しないまま，個々が

174

自分のイメージした通りに遊ぼうとすることも多く，遊びが中断したり，いざこざが生じたりする場合も多い。4歳児はまだ自分たちで解決することが難しいことが多いため，場合によっては，保育者が子どもたちの訴えに耳を傾け，子どもたちの主張を理解した上で，援助することも必要である。

b．4歳児を保育する上でのポイント

事例2　4歳児の遊び（2月）

　この地域としては，珍しく雪が積もった昼食後，4歳児クラスのマサヤ，タカヒロ，ヒロシ，ハヤトは，保育者とともに隣接する森の中に入り，雪で思い思いの製作をしていた。その中，(c) マサヤが作った雪玉を保育者に投げた。すると，それを見ていたタカヒロ，ヒロシ，ハヤトも保育者に対し，雪玉を投げ出し，保育者もそれに応戦した。そのうち，(d) タカヒロが近くに置いてあったたらいを両手で頭上に掲げ，盾のようにして保育者の方に歩いていった。保育者は「うわっ盾だな！」と言って，たらいに向かって雪玉を投げた。(e) タカヒロの様子を見ていたヒロシも「ただいま参上」と言いながらたらいを持ってきて，頭上に掲げて保育者の方に行くと，保育者はタカヒロのときと同様，ヒロシのたらいに向かって雪玉を投げた。保育者は，「上からの攻撃も防げるの？」と言いながら雪玉を上投げ下投げなどいろいろな投げ方で投げ，タカヒロとヒロシはたらいでその雪玉を防ぐ。(f) 周りの子どもたちも，保育者が雪玉をたらいに投げたときに反響する音をおもしろがり，笑いながら様子を見ている。ヒロシは顔の全面をたらいで隠したまま，ゆっくりと保育者に近づく。保育者は「うわっ！　だんだん近づいてきた！」と言いながらヒロシの背後に回り，雪玉をヒロシに向かって構える。周りの子どもたちも笑いながら見ている中，保育者は「盾男！」と叫ぶ。その声に，ヒロシはたらいから顔をはずし，振り返ったところで，保育者は雪玉をぶつける。保育者がヒロシに雪玉をぶつけると，それを周りで見ていたマサヤとハヤトは，すぐに笑いながら保育者に雪玉を投げる。タカヒロとヒロシはなおもたらいを持ったま

13章　3，4，5歳児の保育内容　175

ま保育者の方に前進し，保育者はタカヒロとヒロシに「盾男二人！」と言いながら雪玉をたらいに向かって投げる。その間に，(g) たらいを持っていないマサヤとハヤトは保育者に雪玉を投げ続ける。

　事例2は，雪の日の雪合戦の様子である。事例2からも，子どもの遊びが3歳児の遊びと比べ，より全身を使い，個々で工夫して遊びを展開していることが読み取れる。また，子どもたちはお互いを意識しながら，一つの目的に向かった遊びをしている。

　下線（c）(g) から，マサヤ，タカヒロ，ヒロシ，ハヤトは保育者に対して雪玉を投げているものの，子ども間で相談などをしている様子はなかった。しかし，一人が投げたらみんなも一斉に投げるなど，その場の雰囲気で投げるタイミングを決めているようであった。また，この場面において，子ども間で投げ合うことはなく，子どもたちにとって投げる対象はあくまでも保育者であった。事例において，保育者もその状況をよく理解しており，子どもたちに雪玉を投げ，応戦することで遊びを盛り上げている。4歳児にとって，複雑なルールの遊びを楽しむことはまだ難しい場合も多いが，保育者が遊びに入ることによって，遊びをさらにおもしろくしていくこともある。そのため，場合によって，子どもたちがより楽しめるように，保育者も一緒になって遊びを盛り上げることも必要である。

　下線（d）では，タカヒロがたらいを盾にして保育者の雪玉を防御している。これは，周りの事物に自分から働きかけ，状況に合わせて用途の違うものでも自分なりに使いこなしているといえる。また，下線（e）では，ヒロシがタカヒロの行動をまねて，同じようにたらいで盾を作っている。友だちの行動に刺激を受け，それを吸収し，より遊びを充実させている様子が見受けられる。このような子どもたちに対し，保育者は「うわっ盾だな」と言い，楽しそうに応戦している。また，下線（f）において，周りの友だちは，タカヒロやヒロシがたらいを持って保育者に迫る様子や雪玉の反響する音を楽しんでいる。保育者が子どもたちのアイデアを一緒になって楽しむことを通し，周りの子どもも

それに反応している。このように，子どもたちは友だちの姿を通して，互いに刺激し合いながら柔軟な発想力や想像力で遊びの世界を広げている。

本事例において，子どもが自然の中で保育者や友だちと関わり合いながら，工夫して遊びを作りあげている様子は，先述した10項目の中の「自然との関わり・生命尊重」や「思考力の芽生え」などにつながっていると考えられる。事例1・事例2からも，「幼児期の終わりまでに育ってほしい姿」について着目して各年齢段階での一つひとつの場面を見てみると，保育者や友だちと関わる中で，それら10項目につながるような子どもの育ちを読み取ることができる。

3　5歳児の保育内容

a. 5歳児の発達と保育の特徴

5歳児は，運動機能が高まり，よりダイナミックで複雑な動きが可能となるとともに，今までの経験を生かしながら遊びを発展させることができる時期である。言葉のレパートリーも豊富になるとともに，数や文字に対しても興味・関心を示すようになる時期でもある。

精神的・情緒的にも安定し，他者の気持ちに立った行動をとることができるようになる。また，自分よりも年齢の低い子どもに対して，「守ってあげる」「教えてあげる」といった年長者としての心構えが生じる時期でもある。遊びでは，ルールや決まりのある遊びができるようになり，そこでいざこざが起こったとしても，自分たちで解決することができるようになる。

小学校入学前になると，園ではお兄ちゃん・お姉ちゃんの意識が強くなり，周りの様子を見ながら行動できる子どもも多くなる一方で，「お兄ちゃん・お姉ちゃんだから」「来年からは小学生なんだから」という気持ちが逆にプレッシャーとなり，自己発揮できない状況に陥ることもある。そこで，保育者は5歳児の心や情緒の発展を見守りつつも，ときにはしっかりと自分を表現し，楽しんで遊びに没頭できる環境を作ることが必要である。

加えて，小学校への入学を控える子どもとその保護者は不安も大きいことが予想される。そのため，保育者には，「幼児期の終わりまでに育ってほしい姿」

13章　3，4，5歳児の保育内容　177

と対応させながら，子どもの得意なことは伸ばしつつ，苦手なことは一緒に楽しみながら挑戦できるように援助していくことが求められている。

b．5歳児を保育する上でのポイント

事例3　5歳児の遊び（11月）

　男児10名ほどが，隣接した森で木の棒を振り回して戦いごっこをして遊んでいる。(h) 自分たちで戦う場所の範囲を決め，そこから出たり，木の棒が体のどこかに当たったら負けというルールを設定している。(i) 子どもたちは，決められた範囲内を木に登ったり，ロープにぶら下がったりしながら，全身を使い，戦いごっこに夢中になっている。しばらく男児たちが戦いごっこをして遊んでいると，女児4名が「ねぇねぇ仲間に入れてよ」と声を掛ける。すると，(j) 戦いごっこをしていたカイトが「いいよ」と言い，「男対女だ〜」と新たなルールを叫ぶ。そして，他の男児たちも木の棒を振り回しながら女児の前に立つ。(k) それに対し，ミカが「でもこっちは4人なんだから！」と言うと，(l) アキラが「じゃあ俺とマコトがそっち行くよ」とマコトと一緒に女児チームに加わる。そして，(m) アキラが「ねぇそっち何人？」と聞くと，カイトが「1，2，3……6！　いや，待って！　ちょっとみんな！ここに並んで！」と言って男児を整列させ，数を数え，「やっぱり6！」と叫ぶ。それに対し，アキラが「こっちも6!!」と叫び，チーム同士の戦いごっこをやることとなった。

　事例3は，5歳児が木の棒を用い，森で戦いごっこをして遊んでいる場面である。5歳児になると，遊ぶ際にもルールや決まりを自分たちで決め，その遊びが楽しくなるように，子どもたちで話し合いながら遊びを構成していく。下線（h）において，戦いごっこをしていた男児たちは，勝ち負けの仕方や移動可能範囲などを決めることでより臨場感のある遊びをしている。また，下線（i）のように，5歳児は，木やロープ，地形など周りの環境全体に働きかけ，それらを駆使して全身を用いて遊びを展開している。そのため，遊びが4歳児

と比べ，よりダイナミックとなり，集団での遊びを子ども達が楽しんでいる様子が見受けられる。

　また，下線（j）では，女児が「仲間に入れてよ」と来た際，カイトはすぐに反応し，新しいルールを設定している。一方で，下線（k）のように，そのルールに対し異議を唱えたミカに対し，アキラとカイトは自分たちの考えを表明しながら，自分からもう一方のチームに移ったり，人数を均等にするよう数えたりしている（下線（l）（m））。つまり，友だちと話し合ったり，相談したりしながら，より遊びを楽しいものにするため，工夫している。加えて，下線（m）のカイトの言葉から，5歳児の数の理解度や，リーダー的に友だちをまとめようとする役割の芽生えを垣間見ることができる。この場面から，先述した10項目の中の「数量や図形，標識や文字などへの関心・感覚」や「言葉による伝え合い」，「協同性」などさまざまな「幼児期の終わりまでに育ってほしい姿」を読み取ることができる。このように，5歳児になると生活の中のいろいろな場面で，「幼児期の終わりまでに育ってほしい姿」が見えてくる。保育者はそれらの姿を把握しながら，長期的な視野で子どもたちに支援をしていく必要があるだろう。

　さらに，5歳児になると，子どもたちは自分でルールを決め，遊びをより楽しいものに自分たちで発展させることができる。そして，物事について自分なりに考えることができ，友だちとの対話を通してより深い考察や新たな発見を得ることができるようになる。そのため，保育者はプロジェクト活動を取り入れたり，日常生活の中でも子ども同士の対話や話し合いの機会を取り入れるように支援を工夫していくことが求められている。

4　ワークシート

①3歳児の指導案を書いてみよう

◆日時：20XX年6月13日（木）
◆子どもの姿：男児10名，女児8名（計18名）

13章　3，4，5歳児の保育内容　179

・集団生活を入園前に経験した子どもが3名いる。多くの子どもは園や集団生活に慣れてきているが，中にはまだ慣れておらず，母親と別れる際，泣く子どももいる。

・保育者にしてほしいことや困ったことなどを自分なりに伝えようとする姿が見られる。一方で，友だちの遊びを見ているだけで，自分からは声をかけられない子どもや友だちから離れ，一人で遊んでいる子どもも多い。

・基本的に室内で遊ぶことを好む子どもが多いが，戸外では砂遊びや水遊びなどをよく行っている。しかし，保育者に誘われても外で遊びたがらない子どももいる。

② 4歳児の指導案を書いてみよう

◆日時：20XX 年 12 月 25 日（水）

◆子どもの姿：男児 13 名，女児 11 名（計 24 名）

・4歳児から入園してきた子どもが7名（男児3名，女児4名）いる。二学期になってから，進級児と入園児は一緒に遊ぶことが多くなる。12 月に入り，風邪を引く子どもも何名か出てきている。

・明るく元気な子どもが多く，室内よりも戸外で遊ぶことを好む子どもが多い。戸外では大型遊具で遊ぶ姿や，色水遊びをする姿なども見られる。自分の思いを伝えたり，友だちの思いを受け取ったりしながら，一緒に遊びを楽しんでいる様子がみられる。寒い日は室内で遊ぶこともあるが，保育者が声をかけると多くの子どもたちが外に遊びに行く。

・室内では，男児は剣や盾などの武器をよく製作しており，女児はごっこ遊びや友だちと簡易ステージの上で歌を歌ったりして楽しむ場面がよく見受けられる。

③5歳児の指導案を書いてみよう

◆日時：20XX年7月5日（火）
◆子どもの姿：男児10名，女児11名（計21名）
・多くの子どもが当番など決められたことを率先して行っている。また，決められたルールも守ることができ，1日の見通しを持ちながら，活動の準備や片づけをできる子どもが多い。一方で，順番が守れなかったり，保育者の話が聞けない子どもも1名いる。
・集団で遊ぶことが好きな子どもが多く，チーム対抗の遊びを好んで行っている。勝ち負けにこだわる男児が数名おり，たびたびいざこざが生じている。その際は，リーダー的な子どもを中心に話し合いを行い，子どもたちだけで解決することも多い。
・7月に入り，プール遊びを行うことが多くなり，子どもたちも楽しんで水で遊んでいる。外遊びを好きな子どもが多く，暑い中で長時間遊ぶ際には配慮が必要である。戸外で遊ぶ子どもが多いが，中には室内で製作遊びやごっこ遊びを好んで行う子どももいる。

注1 生活習慣とは，「夜決まった時間に寝ることができる」「脱いだ服を自分でたためる」などの7項目について「とてもあてはまる」を4点，「まあまあてはまる」を3点，「あまりあてはまらない」を2点，「ぜんぜんあてはまらない」を1点として得点を算出し，平均点を高群，中群，低群に区別している。
注2 「がんばる力」とは，「物事をあきらめずに，挑戦することができる」「一度始めたことは最後までやり通せる」「自分でしたいことがうまくいかないときでも，工夫して達成しようとすることができる」「どんなことに対しても，自信をもって取り組める」の4項目のことをいう。
注3 「言葉」とは，「ことば遊びができる」「自分のことばで順序をたてて，相手にわかるように話せる」「『なぜ（どうして）かというと』と理由を話すことができる」「見聞きしたことをまわりの人に話をすることができる」「絵本や図鑑を1人で読める」「テーマを与えられると，自分で話を作ることができる」の6項目のことをいう。

参考文献

加藤繁美　0歳〜6歳 心の育ちと対話する保育の本　学研プラス　2012

河原紀子・港区保育を学ぶ会　0歳〜6歳 子どもの発達と保育の本　学研プラス　2011

全米乳幼児教育協会 ブレデキャンプ，S・コップル，C. 編著　白川蓉子・小田豊
　　日本語版監修　〈誕生から小学校低学年にかけて〉乳幼児の発達にふさわしい教
　　育実践──21世紀の乳幼児教育プログラムへの挑戦　東洋館出版社　2000

開仁志編著　これで安心！保育指導案の書き方──実習生・初任者からベテランま
　　で　北大路書房　2008

無藤隆　平成29年告示 幼稚園教育要領 保育所保育指針 幼保連携型認定こども園
　　教育・保育要領 3法令改訂（定）の要点とこれからの保育　チャイルド本社
　　2017

無藤隆　無藤隆が徹底解説 学習指導要領改訂のキーワード　明治図書出版　2017

無藤隆・汐見稔幸編著　イラストで読む！ 幼稚園教育要領 保育所保育指針 幼保連
　　携型認定こども園教育・保育要領はやわかりBOOK　学陽書房　2017

14章　主体的,対話的で深い学びと保育内容

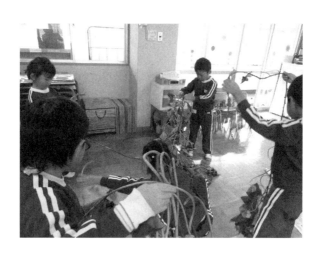

1節　幼稚園教育要領第1章「総則」より 「指導計画の作成上の留意事項」

指導計画の作成に当たっては,次の事項に留意するものとする。
(中略)
(2) 幼児が様々な人やものとの関わりを通して,多様な体験をし,心身の調和のとれた発達を促すようにしていくこと。その際,幼児の発達に即して主体的・対話的で深い学びが実現するようにするとともに,心を動かされる体験が次の活動を生み出すことを考慮し,一つ一つの体験が相互に結び付き,幼稚園生活が充実するようにすること。

※写真と本文の内容は直接的には関係ありません。

14章　主体的，対話的で深い学びと保育内容　　183

> (3) 言語に関する能力の発達と思考力等の発達が関連していることを踏まえ，幼稚園生活全体を通して，幼児の発達を踏まえた言語環境を整え，言語活動の充実を図ること。
>
> (4) 幼児が次の活動への期待や意欲をもつことができるよう，幼児の実態を踏まえながら，教師や他の幼児と共に遊びや生活の中で見通しをもったり，振り返ったりするよう工夫すること。

　幼保連携型認定こども園教育・保育要領においても同様の内容が明記されている。小学校以上においては，習得・活用・探究という学びの過程の重要性が提言されており，幼児教育においても，資質・能力を育む上で，学びのプロセスを意識した指導を行うことを意識する必要がある。子どもの自発的な活動としての遊びは，心身の調和のとれた発達の基礎を培う重要な学習であり，学びの芽生えを育むものである。しかし，そのプロセスは発達の段階によって異なり，一律に示されるものではない。

　例えば，5歳児後半においては，遊具や素材，用具や場所の選択によって遊びが創出され，楽しさや面白さの追求，試行錯誤を行う中で遊びに没頭し，遊びが終わる段階でそれまでの遊びを振り返るというプロセスをたどるという。その際，保育者は幼児教育において育みたい資質・能力を念頭において環境を構成し，クラスとしてのあり方と一人ひとりのあり方，そして個人ごとの違いにも留意しながら総合的に指導していくことが重要となる。

2節　アクティブ・ラーニング

　中教審答申「幼稚園，小学校，中学校，高等学校及び特別支援学校の学習指導要領等の改善及び必要な方策等について」（平成28年12月21日）において，新しい学習指導要領等に向けては，以下の6点に沿って改善すべき事項をまとめ，枠組みを考えていくことが必要となるとされた。

（1）「何ができるようになるか」（育成を目指す資質・能力）
（2）「何を学ぶか」（教科等を学ぶ意義と，教科等間・学校段階間のつながりを踏まえた教育課程の編成）
（3）「どのように学ぶか」（各教科等の指導計画の作成と実施，学習・指導の改善・充実）
（4）「子供一人一人の発達をどのように支援するか」（子供の発達を踏まえた指導）
（5）「何が身に付いたか」（学習評価の充実）
（6）「実施するために何が必要か」（学習指導要領等の理念を実現するために必要な方策）

　アクティブ・ラーニングは，（3）「どのように学ぶか」の部分で重視されている。答申では，「質の高い学びを実現し，生涯にわたって能動的（アクティブ）に学び続けるようにする」ことができるよう，「授業の工夫・改善を重ねていくこと」としている。

　資質・能力の育成のためには，アクティブ・ラーニングの視点（主体的な学び，対話的な学び，深い学び）から指導の改善を行っていく必要がある（図14－1）。無藤ら（2017）によると，子どもがさまざまな人や物に関わり，多様な体験をし，体験が次の体験へと発展してく中で，調和的な発達が促されていく。その際に重視する視点として，前述の3つの視点が挙げられている。

①周囲の環境に興味や関心を持って積極的に働きかけ，見通しを持って粘り強く取り組み自らの遊びを振り返って期待を持ちながら次につなげる「主体的な学び」が実現できているか。

②他者との関わりを深める中で，自分の思いや考えを表現し，伝え合ったり，考えを出し合ったり，協力したりして自らの考えを広げ深める「対話的な学び」が実現できているか。

③直接的・具体的な体験の中で，「見方・考え方」を働かせて対象と関わっ

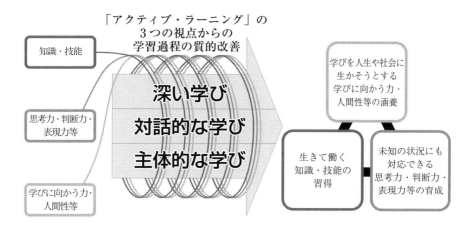

図14-1 アクティブ・ラーニングの視点
（文部科学省「幼稚園，小学校，中学校，高等学校及び特別支援学校の学習指導要領等の改善及び必要な方策等について（答申）」補足資料，2016）

て心を動かし，幼児なりのやり方やペースで試行錯誤を繰り返し，生活を意味あるものとして捉える「深い学び」が実現できているか。

振り返りや見通しを持って意欲と意志を働かせるようにし，他の子どもや保育者と言葉などで思いや考えを伝え合い，協力する。気づきや工夫を通して，関わりを深めていく。それにより，子どもの内面の変容や体験が活動に連なり，さらに次の関連する体験が呼び起こされ……とつながっていく中で体験同士が結びつき，そこで子どもの種々の学びが成り立つ。それらが積み上がり，相互に関連が作られることで，子どもの資質・能力の成長へと発展していくという。

そのため，保育活動の中で子どもたちが遊びを振り返り，それらを共有し合うことが非常に重要となる。

3節　保育におけるICTの活用——アクティブ・ラーニングのツールとして

事例1　花がさいたよ（奈良市立SK幼稚園・5歳児・7月）

　事例1は，栽培活動における子どもの発見をクラスで共有し，そこから植物に対する興味や疑問が深まり学びが深まる過程を取り上げる（図14-2）。個人の発見をクラスで共有する際に有効なツールとなったのが，タブレット端末や液晶モニタである。この園では，日常的に保育者がタブレット端末を携帯しており，子ども自身が発見したことや残しておきたい物などを写真や動画で記録しながら保育を行っている。記録した映像は，タブレットの画面でその場にいる子どもたちと共有し，そのときの思いや気づきを共有し合う。その後，保育室で遊びを振り返る際に，液晶モニタに映してクラス全体で共有し合うことにより，2段階の振り返りが行われている。子どもは，保育者がタブレット端末で撮影したものはクラスで共有されることを理解しているため，「お友だちに知らせたいこと」「発表したいこと」があれば，それを「タブレットで撮っ

図14-2　情報の共有と振り返り

てほしい」と申し出てくることが多い。動きがある中での発見の場合は，「動画で撮ってほしい」と申し出て発見を再現してみせる。さらに，子ども自身が友だちと共有したいことを意識するため，身近な事象に対しての感覚が鋭くなり，さまざまな角度からの発見や気づきが見られた。

事例2 「ようぶつえん」（幼稚園の動物園）を創る
（奈良市立SK幼稚園・5歳児・11月）

　園外保育（動物園への遠足）での経験を作品展での表現活動につなげた活動のプロセスは以下の通りである。

［活動1］　自作DVDを鑑賞する
　保育者が下見に行った際に撮影した映像を編集したDVDを4，5歳児合同で視聴する。
［活動2］　K動物園への園外保育を実施する
［活動3］　動物の制作を行う
［活動4］　作品展をプロデュースする
　できあがった動物たちを年長児全員がお互いに見合う中で，「これどうやって飾るん？」という一人の問いかけをきっかけに，「見せ方」について幼児なりにアイデアを出し合い工夫し始める。

①ネーミング
　「動物園の名前がいる（必要）」ということになり，それぞれが意見を出し合い，H組とN組の動物園なので「HNようぶつえん」に決定し，看板を作成する。
　遊びの中で，活動名を考えて看板をつくることが日常的に行われているため，自分たちがつくった動物園にもネーミングが必要と考え，看板を作成することで全員が「H組N組の動物園」のイメージを共有することにつながった。幼児のクラスへの所属感や誇り等が背景にある姿で

ある。

②草が必要，柵が必要……

　「森の動物園にしたいねん」「草がいる（必要だ）なあ」「柵があったからつくろう」等，個々が動物たちのいた場所を思い出しながら，再現しようとする。また，森の動物園にするために，森の木に関するTV視聴で共通のイメージをもって園庭の木を切って展示する。

　園庭で遊んでいる時に，「この草をようぶつえんに植えよう」と発言する幼児がおり，「ようぶつえん」の構成を別の遊びをしている中でも継続して考える様子がうかがえた。「こんな木をこんな風に使いたい」というイメージをグループごとに共有したことが，「この実がある葉っぱのあるところがいい」「この太いのをとってほしい」など，具体的な材料探しにつながった。

③プロジェクタを使おう

　どうやったら森らしくなるかを考える過程で，「壁に映すやつ（プロジェクタ）を天井に映したら森っぽくなるやん」という一人の発言をきっかけに，プロジェクタで森の様子を映し出すことにする。「そしたら暗くしやなあかんな」等，リズム室全体の環境構成を考えようとし始める。

④ライトがいる（必要）

　翌日，用意されたプロジェクタで画像を天井に映し出すためにリズム室を暗くすると展示する動物たちが暗くて見えにくいことに気づいた幼児が，「動物見えへんからライトがいる（必要だ）なあ」と言う。

　自分たちのアイディアが実現されていく空間で，何が必要かを考え，「お客さん」に何を伝えたいか，「お客さん」の立場に立って何が必要か考え，話し合う姿が見られた。

⑤看板がいる（必要）

　「○○科とか書いた看板がいるで（必要だよ）！」という幼児の発言をもとに，それぞれの動物のプロフィールを描いた看板づくりを行う。

「動物の大きさを書かなあかん」とのことで，保育者がメジャーで身長を図り幼児が書き込んだ。

「名前は○○やなあ」「○○はアフリカで生まれてん」「好きな食べ物はバナナ」等，それぞれがチームで制作した動物たちについて話し合いながら看板に書き込んでいく様子が見られた。

⑥動物の紹介をしよう

できあがった動物をクラスの友だちに紹介する活動から，「お客さんに聞いてもらいたい」という思いが芽生え，紹介の様子を録画することにする。

1グループに1台ずつのモバイル情報端末を準備して，幼児が「名前は○○で○歳です。身長は○○cmで，○○で生まれました。好きな食べ物は○○です」等，紹介する様子を保育者が撮影する。動画をその場で確認し，「もうちょっと大きな声で言おか？」等，自分たちでよりよいものを作るためにやり直しを申し出る姿も見られた。また，操作ミスで動画が消えてしまった際には，グループで情報端末を操作してもう一度撮り直す姿も見られ，デジタルデータの即時性を認識していることがうかがえた。

事例2においては，情報を媒介する「メディア」に対する認識をメディアアウェアネス（Media Awareness）と呼び，その変容に注目して学びのプロセスを浮かび上がらせている。メディアアウェアネスは，知識やスキルを身につける素地として位置づけられ，メディアとどう接していくかといった，今後育っていくであろう「情報を活用する」態度の基本となる素地とも言える。活動や子どもの関心の流れに沿ってメディアを選択し，子どもの視点で遊びの中に位置づけ，活用し，発展させるものである。協働のツールとして位置づけられている情報活用能力の素地を，幼児教育において培うことは，非常に重要なことでもある（図14-3）。

担任教諭によると，例年幼児と一緒に行うのは［活動4］までで，展示作業

図14-3 情報の位置づけの変化

図14-4 幼児なりのこだわり

は保育者が行ってきたという。しかし当該年度は，幼児から自然に「見せ方」のアイデアが湧き出てきたので，それらを取り入れた展示となったという（図

図14-5 伝え合いの工夫

14-4)。日常的な保育において，OHPやプロジェクタを用いた活動を取り入れ，自分たちの活動のプロセスが「発見ボード」に常に掲示されてその意味づけがなされているからこそ，「情報を共有したい」思いが生まれ，「伝えるための方法」を考える姿が見られたのだろう（図14-5)。

また，対象園児が4歳児の時に，年長園児の作品を保育者がOHPやDVD，プロジェクタ等を用いて展示の方法を工夫した展示を経験している。年少時に憧れをもって年長児の活動を見るとともに，さまざまな情報機器の位置づけをつかみ取り，それぞれの心の内にため込んでいたものを，年長児における表現活動において適宜表出させたのである。経験の連続性と思考の深化の過程で，幼児にとってのメディアが，「見て学ぶ」「知る」ツールから「活用・表現する」ツールへと変化したといえる（図14-6)。

さらに，日常的に自分たちの活動の様子が映像で記録され，意味づけされたものが園内に掲示されることにより，幼児自身が自分の姿を捉え直し，メタ認知を高める結果となっている。物事の見方が局所的ではなく，全体の中の一つとして捉えようとし，その意識が制作展全体のプロデュースにつながったとい

図14-6 伝えたい思いの実現

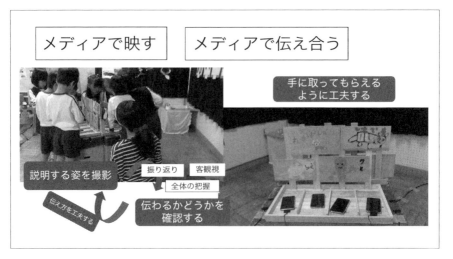

図14-7 リフレクションを促す環境

える。また，制作過程においても，それぞれが手元の制作物の作成に没頭しながらも，周りの様子にも気を配り，全体とのバランスを考えながら作業してい

14章　主体的，対話的で深い学びと保育内容　　193

る様子が見られた。全体像の中での自分の位置づけを意識して動くことにより，スムーズな役割分担につながり，意思の疎通につながっていた。対モノとの関係性のみに没頭するのではなく，活動そのものに没頭した際には，場全体に対する広い視野を持っていることがわかる。

　これらは，保育者の応答的な関わりとともに，幼児の活動を結果ではなくプロセスを大切にする姿勢によって培われてきた。さらに，メディアアウェアネスに注目してリフレクションすることにより，従来は「この学年の個性」等の表現で説明していた幼児の姿から「思考の深化」や「広い視野」「メタ認知」をみとることができた。これらは今求められている資質・能力につながる素地となる（図14-7）。

　当該幼稚園においては，日常の生活の中で幼児が人やモノとつながるための媒介物すべてを，メディアと捉えて環境構成がデザインされている。さらに，保育者は保育を振り返るドキュメンテーションのツールとして映像を活用し，それらを保育者間，保護者，幼児と共有した。共有方法として，園内に設置した発見ボードに日々の保育の中での幼児の発見や気づき，学びの姿を保育者の解釈を入れて日常的に掲示した。作品展では，作品作りのプロセスを発見ボードでタイムリーに掲示するとともに，保護者参観日にパワーポイントのスライドを用いて，幼児が取り組む姿勢や協働の様子を伝えた。作品展当日は，園内に作品ができ上がるプロセスを写真で提示し，作品の近くに制作の様子を記録した映像を大型液晶モニタに常時映しだした。そのことにより，保護者の作品展後のアンケートには，「幼児が作品を作り上げるために話し合い，協力し合う姿に感動した」「2年間の園生活でこんな大がかりな作品展を作り上げるまでに成長したことがうれしい」「お友だちと協力して生き生きと創り上げていることがよくわかった」等，創る過程や協働に対する賞賛の言葉が多く綴られていた。保育のねらいを保育者と保護者が共有できたことを示すものである。従来は，活動の結果としての成果物のみを評価する傾向が強いが，プロセスに意識を向けることで，作品展への認識が変化した。

　保育のプロセスを可視化し共有することにより，保育者は日々の保育をリ

フレクションするとともに，ドキュメンテーションとして整理することにより，新たなカリキュラム・デザインにつながった。保護者は，成果物を評価するのではなくプロセスを捉えるまなざしが培われ，幼児を捉える認識が変わった。幼児は，日々自分たちの姿を，写真や動画で振り返ることにより，メタ認知が高まり，大局的に物事を捉えることができるようになった。また，「伝えたい」「共有したい」「表現したい」活動に参加する中で，そのためのツールとしてICTを主体的に位置づけることができた。

　これら一連の流れの中で，保育者は日常の保育において常に幼児に応答的に関わり，主体的な行動を支える安定・安心した生活が整うように努めていた。また，幼児の言語活動やメタ認知を高めるような声掛けや関わりが常に行われていた。幼児の主体的な活動はこのような保育者の人的環境により支えられている。当該幼稚園の保育者はICTスキルが高く，プレゼンテーション能力も高かったため，ICTを保育に活用することや，保護者との情報共有もスムーズに実現した。同時に，情報機器を使うことが主目的ではなく，幼児の主体的な活動を支えることが目的であるという共通認識があったからこそ実践できたとも言える。よって，保育現場におけるICT活用や情報教育を捉える際には，これらの目的意識を共有することを大切にしたい。

引用・参考文献

無藤隆・汐見稔幸・砂上史子　ここがポイント！3法令ガイドブック——新しい『幼稚園教育要領』『保育所保育指針』『幼保連携型認定こども園教育・保育要領』の理解のために　フレーベル館　2017

文部科学省　幼稚園，小学校，中学校，高等学校及び特別支援学校の学習指導要領等の改善及び必要な方策等について（答申）補足資料　2016（http://www.mext.go.jp/component/b_menu/shingi/toushin/__icsFiles/afieldfile/2017/01/20/1380902_4_1_1.pdf）（2017年9月22日閲覧）

15章　幼児期にふさわしい評価のあり方

1節　幼稚園教育要領第1章「総則」より「保育の計画及び評価」

　幼児一人一人の発達の理解に基づいた評価の実施に当たっては，次の事項に配慮するものとする。
(1) 指導の過程を振り返りながら幼児の理解を進め，幼児一人一人のよさや可能性などを把握し，指導の改善に生かすようにすること。その際，他の幼児との比較や一定の基準に対する達成度についての評定によって捉えるものではないことに留意すること。
(2) 評価の妥当性や信頼性が高められるよう創意工夫を行い，組織的かつ計画的な取組を推進するとともに，次年度又は小学校等にその内容が適

※写真と本文の内容は直接的には関係ありません。

切に引き継がれるようにすること。

　従来の幼児教育における評価の考え方として，子ども一人ひとりのよさや可能性を評価することは非常に重要なことである。その上で，各領域の「ねらい」のほかに「幼児期の終わりまでに育ってほしい姿」を踏まえた視点が新たに加わるものである。その際，最も注意すべき点は，他の子どもとの比較や一定の基準に対する達成度についての評定によって捉えるものではないということである。また，子どもの発達の状況を小学校の教員が指導上参考にできるよう，幼稚園幼児指導要録の示し方を見直すとともに，指導要録以外の方法でも小学校と情報の共有化を図ることも重要である。

　そこで，子ども一人ひとりのよさや可能性を評価することについて，奈良市立Ｓ幼稚園の元園長による活動記録と考察を例として考える。

事例１　和夫（仮名）も一緒にできる運動会にするために（５歳児・９月）

　奈良市立Ｓ幼稚園において実施されている未就園児（３歳児）親子登園をきっかけに入園した和夫の入園前の様子は以下の通りであった。

　・言葉の発達に遅れがある。

　・便所で小便・大便ができない。（紙おむつ着用）

　・相手の気持ちやその場の状況を読み取るのが苦手である。

　・興味や関心が狭く特定のものにこだわる。

　・同年齢の幼児と遊んだ経験がない。

　・衣服の着脱は，全面介助である。

　・食事は，少しの介助があれば自分で食べる。

　・行動面は，多動である。

　・思うようにならないとかんしゃくをおこす。

　和夫は，未就園児親子登園の際に在園児から話しかけられたり，遊びに誘われる過程で，自分の名前を呼ばれると嬉しそうなしぐさをしていた。

15章　幼児期にふさわしい評価のあり方　　197

その様子から保護者にも安心感が生まれて，子育てや今後のことなどの悩みを園と共有し，市の健康増進課を通じて専門機関からの支援も受けられるようになった。そのように支援の環境が整った中で園生活がスタートした。

〈入園当初〜7月〉

　和夫は，興味が続かず保育室から出ていくことが多い。隣の保育室や職員室，2階の部屋など一度出ていくとなかなかクラスに戻って来ない。「先生，和夫くんいつもどこかへいくね」と探しに行こうとする子どもたちの姿が見られ，入園当初は，和夫を探してクラスのみんなが動き出すという状態であった。そこで，和夫が興味をもつ場所や物などを把握し，園の職員みんなで見守るようにするとともに「和夫くんは，今こんなことがしたいのね」と，和夫の気持ちを代弁することで，まわりの幼児も「今は，ここにいたいみたい」と和夫の立場に立って考える力が育ってきた。これまでのように，和夫を追いかけたり，すぐに保育室に戻そうとしたりするのではなく，和夫が戻ってきたときに，遊びや共通経験（制作をしたり，絵を描く，絵本，歌等）ができるよう材料の準備をしたり，座れる場を設定して待てるようになる。そして，支援保育者と一緒に戻ってきた和夫に対して，「待っていたよ」「今，みんなでこんなことをしていたよ」と伝える子どもたちの姿が見られるようになった。

〈リレー遊び　9月〉

　和夫は，曲に合わせて体を動かすことは好きだが，興味をひくものがあると一人で急に走り出してしまうような動きが多く，友だちと一緒に行動しにくいという状況であった。ともに参加できるためにどうすればいいのかという戸惑いが保育者にはあった。和夫は，担任と一緒であれば，リレーのコースを走ってみたりする。しかし，リレーのトラックの線に沿って走ることが難しい。まわりの子どもたちは，和夫に対して親しみは感じているが，どこかへ走っていく和夫に「どうしよう」という不安もある。また「リレーに勝ちたい」という気持ちも強い。しかし，和夫がクラスの

仲間に慣れ，和夫の気持ちが身振りや手ぶりで感じられるようになっているのも事実である。「和夫くん，花子ちゃんとならば一緒に走るかもしれない」という意見がでてきた。「和夫も一緒に運動会ができるように，どうしていけばいいのかな」と話し合う。花子が和夫と走るようになったことで，クラスの幼児にとっての和夫の存在はより身近なものになり，二人の走る様子を「がんばれ」と応援する姿へと変わっていった。少しずつ部分的に踊りや動きを理解し，自らやってみようとする和夫のことをまわりの幼児が理解し，かかわろうとする幼児が増えてきた。

〈考察〉

　和夫と一緒にする運動会は，決して最初から順調にいったわけではない。和夫を理解しようとする気持ちと勝敗にこだわるのも当然の姿である。しかし，園全体が「和夫も一緒にできる運動会でなければ意味がない。ともに参加できる喜びを幼児に感じてほしい」という願いをもち，幼児に投げかけた。保育者も悩み，幼児も考え葛藤していく中で，相手の気持ちに寄り添い，ともに参加する喜びとは何なのか……ということを感じ取っていった。それは普段からの生活の中で「どの幼児も大切にされ存在感があること」すなわち「互いの存在を認め合う気持ち」の育ちがあるからこそ「一緒にできる喜び」が感じられると考える。

　ここでは，一貫して和夫の行動を「○○できない」と否定的に捉えるのではなく，あくまで和夫の特徴として捉えて，どんな可能性があるかを，保育者が子どもとともに考えていく姿勢で臨んでいる。和夫を中心に考える保育のプロセスにおいて，和夫自身の成長とともに，和夫を取り巻くクラスの子どもたち自身が主体的に物事を捉えて，相手の立場になり，対話を通して解決を図る姿が見られる。これは，自分たちが常に「一人ひとりのよさや可能性を評価」されている実感から創出されるものである。評価は，このように子どもたち自身が「認められている」と実感できるものでもある必要がある。

　保育所保育指針第1章「総則」3「保育の計画及び評価」において，保育内

容等の評価について，保育士等の自己評価と保育所の自己評価の視点で言及され，評価を踏まえた計画の改善の必要性についても，(5) のイで「保育の計画に基づく保育，保育の内容の評価及びこれに基づく改善という一連の取組により，保育の質の向上が図られるよう，全職員が共通理解をもって取り組むことに留意すること」とし，PDCA（計画，実行，評価，改善）を進めることが示された。

そのためには日々の記録や実践を写真や動画などに残し，可視化することが有用で，それがいわゆるドキュメンテーションやポートフォリオと言われるものである。ドキュメンテーションは，写真や文章で保育の活動を記録し，子ども・保育者・保護者などで共有するものである。最近では，紙媒体だけではなく，動画などを用いて子どもの活動自体を伝える手法も開発されてきている。そしてポートフォリオは，保育の活動の記録や写真，作品の写真などをファイルにまとめ，評価の参考にするものである。ポートフォリオが写真や記録，作品など視点が「点」で，結果を蓄積していることに対し，ドキュメンテーションは活動そのものを継続した「線」で捉えて，プロセスを可視化している。いずれにしても，このように子どもの発達の状況を保護者と共有することを通じて，幼児教育施設と家庭が一体となって子どもと関わる取り組みを進めることができ，小学校との滑らかな接続にもつながるものである。

また，記録は評価につながるものであり，さらに指導の改善へと発展し，まさに PDCA のサイクルを循環させていることになる。その循環の過程で，子どもに対する多様な捉え方が生まれ，幼児理解が広がり，さらにそれに応じた新たな指導方法が創出するのである。

2節　学びの評価（ラーニングストーリー）

幼稚園教育の基本は，「幼児の主体的な活動である遊びを通じ」「総合的な発達を促す」とされている。一方で，子どもの成長発達を，「形式操作」と呼

ばれる最終目標に向かって一本の道が進んでいくそれぞれの段階での知識やスキルで評価し，否定的な側面に焦点をあてる「問題点モデル（deficit model）」（カー，2013）によるアプローチが歴史的に用いられてきた。しかし，結果よりもプロセスを重視して育ててきた「遊び」の中での，子どもの意欲や創意工夫，主体的な態度は，従来用いられてきた「問題点モデル」では評価しづらかった。そのため，「遊び」の成果である知識やスキルに対する評価ではなく，「心情・意欲・態度」という観点で保育者の主観的な「みとり」として情緒的に語られることが多かった。

　従来の保育日誌やエピソード記録において重視されていたのは，評価の観点ではなく，子どもがいかに成長したかを総合的に表現することにより，子ども理解を深める点であった。しかし，活動への参加の変容を発達や成長を評価する観点とし，肯定的な側面に焦点を当てる「信頼モデル（credit model）」（カー，2013）による新しいアプローチによって，遊びの中で得た知識やスキルをどう位置づけて活かすかという方略を評価することができ，それらを「学校教育」の学びにつながるものとして明確に示すことができる。「信頼モデル」による代表的なアプローチには，ニュージーランドのナショナルカリキュラムである「テ・ファリキ」のアセスメントの方法がある。「『テ・ファリキ』は生活の意味や質にこだわり，それを保育の目標そのものとしてとらえ」，「生活の中で，子どもがどれだけさまざまなことを学ぶかを具体的に明らかにしようとしている。『能力の発達』と『生活の意味』が切り離すことのできないものとして把握されている」（大宮，2006）。

　子どもは，一人ひとりが安定する時期から自己発揮する時期を経て協同的な学びが可能となる時期を迎える。その過程における保育カリキュラムをより具体的な4原理と5要素で体系的に「統合的就学前教育カリキュラム」として示したものが「テ・ファリキ」（図15-1）である。

　これら5つが織り合わさった「学びの成果」を実現するために，5要素それぞれにおいて，子どもたちにとって望ましい環境が，目標として3〜4項目挙げられ，その環境のもとでの「学びの成果」としての具体的な姿が記されてい

15章　幼児期にふさわしい評価のあり方　201

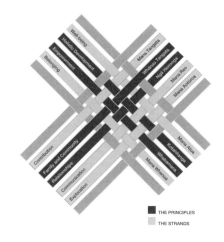

〈4つの原理〉
①Holistic Development　全人格的発達
②Empowerment　成長と発達
③Family and Community　家族および地域社会
④Relationships　人間関係

〈5つの構成要素〉
a) Well-being　健康と安全
b) Belonging　所属と安心
c) Contribution　参加と貢献
d) Communication　コミュニケーション
e) Exploration　探究と学習

図15-1　Te Whāriki
(Ministry of Education（1996）より一部抜粋，注記は筆者による)

る。以上のことから，大宮も指摘しているように，「テ・ファリキ」は，小学校の準備教育としての就学前教育ではなく，子どもの「今ここにある生活」を大事にし，包括的な学びを大切にする保育観に立つカリキュラムだといえる。

また「テ・ファリキ」では，学びの成果は学力の重要な要素である①基礎的・基本的な知識・技能の習得，②知識・技能を活用して課題を解決するために必要な思考力・判断力・表現力等，③学習意欲につながる。領域「探究と学習」の内容構成（図15-2）のように，学びの成果として子どもの具体的な姿とともに，実践を振り返る視点例も示されている。さらに，幼児期と学童期の学びの連続性が子どもの能力（スキル）発達の面と教科学習の面から具体的に示されている。

マーガレット・カー（2013）は，学びの成果を①スキルと知識，②スキルと知識＋意図＝学びの方略，③学びの方略＋社会的文化的営みやその人々＋道具＝状況に埋め込まれた学びの方略，④状況に埋め込まれた学びの方略＋モチベーション＝学びの構えとして，4種類の学びの成果が1つずつ積み重なり，より複雑なものになっていく様を示した。4層目の学びの構えについては，カ

領域：探求と学習（子どもは環境を能動的に探究することを通じて学んでいく）
目標1：遊びを有意味な学習活動だと評価し，自発的な遊びこそ重要であるとする環境を経験する

学びの成果
・意思を決定し，自分で材料を選択し，自分に固有の課題を設定する能力を身につける
・自分の学習活動に責任を持つことに喜びを感じる
・試みること・探究すること
・興味を持つことが，何かを学ぶために最も重要であることを知る
（以下略）

実践を振り返る視点例
・子どもと大人の間での活動の主導権のバランスはどうか？　このバランスにはカリキュラムにおける原理や要素がどのように反映されているか？
・決まりごとや活動が，どれぐらい，どんな方法で子どもの興味に導かれて変化するか？　　（以下略）

子どもの能力（スキル）発達
コミュニケーション，数的，情報，問題解決，自己管理と自己主張，社会的協同，身体，仕事と学習
〈幼児期と学童期との学びの連続性〉

教科学習
英語と外国語，算数・数学，理科，科学技術，社会，芸術，保健体育
〈小学校カリキュラムとの連続性〉

図15－2　領域「探究と学習」内容構成
（Ministry of Education, 2013 より一部抜粋）

リキュラムの5要素（所属・安心・探索・コミュニケーション・貢献）に基づく5領域（関心をもつ・熱中する・困難に立ち向かう・考えや感情を表現する・自ら責任を担う）について，判断の観点に基づき，3つの次元（進んでやろうとすること・機会を捉えること・することができること）で評価することができる。従来の保育日誌やエピソード記述においては，子どもの行為の結果のみが「○○することを楽しむ」等の表現で記録されてきた。しかし，保育者が，対象の子どもの今の活動において，それぞれの領域について「今」どの次元にいるのかを意識し，まずは目指すべき生活の具体的な姿である「目標」に挙げられた項目に対する「学習の成果」で示された指標に沿って具体的なプロセスが記録されることにより，その背景にある文脈に学びの成果が浮かび上がるのである。

3節　ラーニングストーリーの活用事例

奈良市内の私立A幼稚園において年長児を対象に実践されたメディア遊び
は，1年を通した共通体験活動で，3～4人のメンバーによるグループ活動を
基本とし，子どもたちの意思決定可能な空間（知的なトピックス設定），知
的好奇心を満たすための活動，共同体の中での学び合いを保証している。1
セッション40分の活動を15回行ったうちの3セッションを事例として取り上
げる。

セッション1 (S1)。 園庭の秘密①：デジタルカメラで園庭を撮影する。
（グループ）パソコンやデジカメ操作のお約束を知る。

セッション2 (S2)。 園庭の秘密②：デジカメで撮った画像を見て，お気
に入りをグループで選ぶ。Squeak Etoys の基本操作を知る。

セッション3 (S3)。 園庭の秘密③：前回グループで選んだ画像を Squeak
Etoys 上にとりこみ，描画する。（マウス操作による描画活動）

メディア遊びの活動における子どもの語りと文脈に注目すると，T男は，
S1では，デジカメ撮影よりも遊具で遊ぶことに意識が向いた。しかし，PC上
でデジカメの画像を拡大できる方法を発見し，昆虫の画像から恐竜をイメージ
し，それを表現しようとした瞬間に，学びの構えが創出した。学びの構えの3
段階（①進んでやろうとする，②機会を捉える，③することができる）と，導
かれた子どもの能力（スキル）発達について，表15－1に示す。

作品（図15－3）を，撮影した写真に落書きをしただけのものと捉えるこ
ともできる。しかし，作成されるプロセスにおいて，幼児の思いや，学びの構
えがどう変化したのかに注目することにより，「学び」が可視化される（表15
－1）。

ここでの「学び」は，学ぶ意欲や課題発見，問題解決する資質や能力等まで

204

表 15 − 1　セッション 3 における学びの物語

領域	学びの構え	学びの物語
所属	関心をもつ	デジカメで撮影した際にファインダー越しに大きくとらえた昆虫の姿が，大好きな恐竜に似ていることに気づく。「これ恐竜みたいやな。ここに描いたら面白そうやな」「描きたいなあ」①② **自己管理と自己主張……特徴に気づく**
安心	熱中する	撮影した昆虫の画像を拡大して，特徴を知ろうとする。恐竜図鑑を保育室へ一人で取りに戻り，図鑑をみて描こうとする。「そうや！僕図鑑持ってきてるからとってくる」「ここにたくさん載ってるからこれ見て描けるわ」② **情報，問題解決……図鑑活用に気づく**
探索	困難に 立ち向かう	マウスを使っての描画は難しく，なかなか思うように描けないが，色や筆の太さを工夫して何度も挑戦する過程で，操作スキルや知識を習得する。② **数的，情報，問題解決，自己管理と自己主張……より良い操作方法に気づく**
コミュニケーション	考えや感情を表現する	「これ何色にしよか？」「僕は緑色がいいけど，それでいい？」と同じグループのメンバーに尋ねる。「緑だと葉っぱと同じになるから青がいい」「黄色がいい」という他のメンバーに対して，色を変化させてどちらがよいか相談しようとする。③ **コミュニケーション，情報，問題解決，自己管理と自己主張，社会的協同……仲間との協働の方法に気づく**
貢献	自ら責任を担う	マウスを扱う役割を交代してからも，図鑑を見ながら形や色について友だちと相談しながら完成させようとする。② **コミュニケーション，問題解決，社会的協同……共同作業の成果に気づく**

含めたものにつながる。小学校学習指導要領解説 生活編において，「気付き」は，「対象に対する一人一人の認識であり，児童の主体的な活動によって生まれるものである」「次の自発的な活動を誘発するものとなる」「気付きの質を高めることが，科学的な見方や考え方の基礎を養うことにつながる」と説明されている。学校教育段階における「気付き」につながる対象への認識の芽生えを，S3 で浮かび上がってきた「学び」として捉えることができる。

　これらは，幼稚園教育要領等で重要な視点となっている，「知識及び技能の

15章　幼児期にふさわしい評価のあり方　205

図15－3　作品例

基礎」(遊びや生活の中で，豊かな体験を通じて，何を感じたり，何に気づいたり，何がわかったり，何ができるようになるのか)「思考力，判断力，表現力等の基礎」(遊びや生活の中で，気づいたこと，できるようになったことなども使いながら，どう考えたり，試したり，工夫したり，表現したりするか)「学びに向かう力・人間性等」(心情，意欲，態度が育つ中で，いかによりよい生活を営むか)という3つの資質・能力につながるものでもある。

4節　ドキュメンテーション活用の事例

　奈良市立SK幼稚園では，日々の保育における子どもたちの姿をドキュメンテーションとして記録し，保護者や子どもたちと共有している。保育者は保育中もデジタルカメラ等の記録ツールを携帯し，必要に応じて子どもの姿とともに，そのときの子どものつぶやき等も記録している。その際に大切にしていることは，「結果」だけではなく「プロセス」を記録することである。そのためには，子どもの心が動く瞬間を敏感に捉える必要があり，その前後のプロセスにも目を配ることが重要である。

　自発的な活動である遊びのプロセスにおける創造的思考（図15－4）

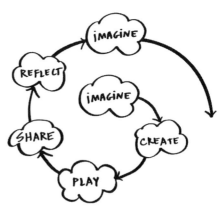

図15－4　遊びのプロセスにおける創造的思考

(Resnick, 2007)

は，「想像する→創造する（つくる）→遊ぶ→共有する→振り返る→想像する」
と螺旋状に繰り返される。通常，子どもの遊びについては，「つくる」段階か
ら捉えることが多い。しかし，子どもとともに活動したり，注意深いまなざし
を向けると，「つくる」前に必ず「想像」していることがわかる。また，それ
ぞれの段階で子どもなりに心が動く瞬間を経験している。保育者はその瞬間を
カメラ等で切り取り，前後の文脈をつなげて「ドキュメンテーション」を作成
するのである。それらを子どもや保護者と共有することにより，個々の振り返
りが実現する。

　保育者は，「子どもたちが気づいたことや，驚いたこと，発見したことなど」
を共有するために，写真や動画を用いてメディアで映し出す。それらを日常的
に経験している子どもたちは，作品展等の活動において，自分たちも「伝え合
う」活動を創出する。その際には，「見られている自分」「他者から見た作品」
を意識してメタ認知的な視点で取り組む姿が見られた。さらに，園内に提示さ
れたドキュメンテーションを手がかりに，保護者に対して「活動のプロセス」
を言葉で伝えようとする姿も見られた（図15 - 5）。幼稚園での経験について
家庭で話をするということは，時間をおいて保護者とともに活動の振り返りを
行うことにもつながり，さらにそのことが翌日の活動へとつながるというサイ
クルも生み出した。

　日常的にこれらのドキュメンテーションを積み重ねることにより，保育者は
学期や年度末に，長期的な視点で保育を振り返ることができ，それらをもとに
来学期や次年度の指導計画を再構成するという行為につながった。ドキュメン
テーションの積み重ねが自らの保育の振り返りにもつながり，園全体のカリ
キュラム・デザインにもつながったといえる（図15 - 6）。

　保育における評価には，子どもの行為のプロセスを丁寧にたどるまなざしが
重要である。それらは保育者の資質として大切なものでもある。それぞれの保
育者のみとりを可視化し，それらを共有することにより，言葉にしていなかっ
たような実践を言葉としてみることができる。そのことにより，実践知が表出
されるのである。さらに，言葉にした知をつないで共有することで，それらを

15章　幼児期にふさわしい評価のあり方　207

図15-5　作品展における情報の共有（奈良市立SK幼稚園年長クラス）

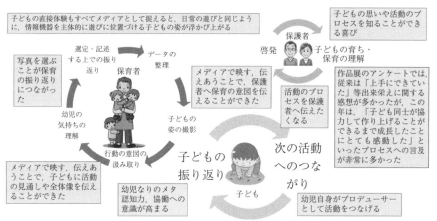

振り返りの積み重ねがカリキュラム・デザインへつながる

図15-6　奈良市立SK幼稚園における保育者・子ども・保護者の振り返り

連結させ，それぞれが実践につなげることができる。実践を繰り返すことにより言葉にしなくても自然な行為として実践できるようになり，さらにそれを共

有することにより，園全体としての共通した実践につながり，保育の質の向上
にもつながるのである。

引用・参考文献

Ministry of Education. *Te Whāriki: He Whāriki Mātauranga mō ngā Mokopuna o Aotearoa: Early Childhood Curriculum.* Learning Media, Wellington, New Zealand, 1996.（https://www.education.govt.nz/assets/Documents/Early-Childhood/Te-Whariki-1996.pdf）（2017年9月22日閲覧）

Resnick, M. *All I Really Need to Know（About Creative Thinking）I Learned（By Studying How Children Learn）in Kindergarten.* 2007.（http://web.media.mit.edu/~mres/papers/kindergarten-learning-approach.pdf）（2017年9月22日閲覧）

大宮勇雄　保育の質を高める──21世紀の保育観・保育条件・専門性　ひとなる書房　2006

カー，M. 著　大宮勇雄他訳　保育の場で子どもの学びをアセスメントする──「学びの物語」アプローチの理論と実践　ひとなる書房　2013　pp. 33-34

中村恵　「幼児期から学童期を繋げる学びのアセスメントの検討」　日本教育工学会論文誌，38（Suppl.）　2014　pp. 33-36

無藤隆・汐見稔幸・砂上史子　ここがポイント！3法令ガイドブック──新しい『幼稚園教育要領』『保育所保育指針』『幼保連携型認定こども園教育・保育要領』の理解のために　フレーベル館　2017

付録 「3つの柱」と「10の姿」

　幼稚園教育要領に記された，幼児教育で基礎が培われる「資質・能力」と，5領域の内容を10に整理した「幼児期の終わりまでに育ってほしい姿」の文言を付す。

　保育所保育指針，幼保連携型認定こども園教育・保育要領においても細かな表現に違いがあるだけで，内容は同じである。

1　幼稚園教育において育みたい資質・能力（3つの柱）

(1) 豊かな体験を通じて，感じたり，気付いたり，分かったり，できるようになったりする「知識及び技能の基礎」

(2) 気付いたことや，できるようになったことなどを使い，考えたり，試したり，工夫したり，表現したりする「思考力，判断力，表現力等の基礎」

(3) 心情，意欲，態度が育つ中で，よりよい生活を営もうとする「学びに向かう力，人間性等」

2　「幼児期の終わりまでに育ってほしい姿」（10の姿）

(1) 健康な心と体

　幼稚園生活の中で，充実感をもって自分のやりたいことに向かって心と体を十分に働かせ，見通しをもって行動し，自ら健康で安全な生活をつくり出すようになる。

(2) 自立心

　身近な環境に主体的に関わり様々な活動を楽しむ中で，しなければならないことを自覚し，自分の力で行うために考えたり，工夫したりしながら，諦めずにやり遂げることで達成感を味わい，自信をもって行動するようになる。

(3) 協同性

　友達と関わる中で，互いの思いや考えなどを共有し，共通の目的の実現に向けて，

考えたり，工夫したり，協力したりし，充実感をもってやり遂げるようになる。

（4）道徳性・規範意識の芽生え

友達と様々な体験を重ねる中で，してよいことや悪いことが分かり，自分の行動を振り返ったり，友達の気持ちに共感したりし，相手の立場に立って行動するようになる。また，きまりを守る必要性が分かり，自分の気持ちを調整し，友達と折り合いを付けながら，きまりをつくったり，守ったりするようになる。

（5）社会生活との関わり

家族を大切にしようとする気持ちをもつとともに，地域の身近な人と触れ合う中で，人との様々な関わり方に気付き，相手の気持ちを考えて関わり，自分が役に立つ喜びを感じ，地域に親しみをもつようになる。また，幼稚園内外の様々な環境に関わる中で，遊びや生活に必要な情報を取り入れ，情報に基づき判断したり，情報を伝え合ったり，活用したりするなど，情報を役立てながら活動するようになるとともに，公共の施設を大切に利用するなどして，社会とのつながりなどを意識するようになる。

（6）思考力の芽生え

身近な事象に積極的に関わる中で，物の性質や仕組みなどを感じ取ったり，気付いたりし，考えたり，予想したり，工夫したりするなど，多様な関わりを楽しむようになる。また，友達の様々な考えに触れる中で，自分と異なる考えがあることに気付き，自ら判断したり，考え直したりするなど，新しい考えを生み出す喜びを味わいながら，自分の考えをよりよいものにするようになる。

（7）自然との関わり・生命尊重

自然に触れて感動する体験を通して，自然の変化などを感じ取り，好奇心や探究心をもって考え言葉などで表現しながら，身近な事象への関心が高まるとともに，自然への愛情や畏敬の念をもつようになる。また，身近な動植物に心を動かされる中で，生命の不思議さや尊さに気付き，身近な動植物への接し方を考え，命あるものとしていたわり，大切にする気持ちをもって関わるようになる。

（8）数量や図形，標識や文字などへの関心・感覚

遊びや生活の中で，数量や図形，標識や文字などに親しむ体験を重ねたり，標識や文字の役割に気付いたりし，自らの必要感に基づきこれらを活用し，興味や関心，感覚をもつようになる。

（9）言葉による伝え合い

先生や友達と心を通わせる中で，絵本や物語などに親しみながら，豊かな言葉や表

現を身に付け，経験したことや考えたことなどを言葉で伝えたり，相手の話を注意して聞いたりし，言葉による伝え合いを楽しむようになる。

（10）豊かな感性と表現

　心を動かす出来事などに触れ感性を働かせる中で，様々な素材の特徴や表現の仕方などに気付き，感じたことや考えたことを自分で表現したり，友達同士で表現する過程を楽しんだりし，表現する喜びを味わい，意欲をもつようになる。

（幼稚園教育要領　第1章「総則」第2「幼稚園教育において育みたい資質・能力及び『幼児期の終わりまでに育ってほしい姿』より引用）

索　引

英数字

ICT の活用　186, 194
PDCA サイクル　33, 199
1.57 ショック　162
3 歳児の保育内容　171
「3 つの柱」　30, 52, 55, 79, 168, 209
　　→育みたい資質・能力も参照
4 歳児の保育内容　173
5 歳児の保育内容　176
5 領域　17-18, 26-27, 30, 55, 65, 81-82, 131,
　　138, 147, 168-169, 202, 209
「10 の姿」　55, 82, 89, 116, 209
　　→「幼児期の終わりまでに育ってほしい
　　姿」も参照

ア　行

愛着　62, 99, 121, 157, 159
愛着形成　99, 157
赤沢鍾美　22
アクティブ・ラーニング　115, 183, 186
預かり保育　106
遊び　12, 26, 63, 65, 74-75, 78-79, 81, 87-89,
　　98, 114-115, 120, 124, 130, 134, 163, 171,
　　175-177, 183, 203, 206
インクルーシブ教育　93
インクルーシブ保育　98, 100-101, 103
エンゼルプラン　154
及川平治　24

カ　行

筧雄平　22
家庭との連携　105, 107, 119

カリキュラム　11-13, 19, 21, 35-36, 38-39,
　　41, 43-44, 46, 151, 200
カリキュラム・デザイン　194, 206
カリキュラム・マネジメント　15, 32, 47, 107
環境構成　12, 74, 150, 166, 193
環境を通して行う教育　51, 66, 69-70
基本的信頼感　96, 123, 157
教育課程　13-15, 25, 33, 107
協同性　30, 57, 83, 88, 169-170, 173, 178, 209
倉橋惣三　24, 68
限局性学習症　99
健康な心と体　30, 55, 169-170, 209
合計特殊出生率　162
合理的配慮　94
国際生活機能分類　101
心の理論　88
子育て支援　27, 31, 105, 107-108, 154, 156
言葉による伝え合い　30, 63, 86, 170, 173,
　　178, 210
子ども・子育て支援新制度　28, 108, 154

サ　行

思考力の芽生え　30, 60, 84, 169, 176, 210
思考力，判断力，表現力等の基礎　17, 30,
　　52, 80, 147, 168, 205, 209
自然との関わり・生命尊重　30, 61, 85,
　　169-170, 176, 210
自閉スペクトラム症　99
社会資源　110-111, 157
社会情動的スキル　29, 83, 89
社会生活との関わり　30, 59, 84, 169, 210
就学前教育　44, 142-145, 147-149, 151, 200
守孤扶独幼稚児保護会　22
主体的な学び　115, 184

索 引　213

小1プロブレム　49, 112, 144
小学校との連携　105, 112, 115
少子化　31, 154-156, 162
初等教育　142-145, 147-151
自立心　30, 56, 83, 122, 169-170, 173, 209
人的・物的な環境　130, 139
数量や図形，標識や文字などへの関心・感
　覚　30, 62, 85, 170, 178, 210
センス・オブ・ワンダー　72
全体的な計画　14, 107
総合的な指導　78, 81, 87, 89, 130, 136, 168

タ　行

対話的な学び　115, 184
多文化教育　96
多文化保育　95-98, 102
地域との連携　110-111
知識及び技能の基礎　52, 79, 81, 140, 147,
　168, 204, 209
注意欠如／多動症　99
テ・ファリキ　36, 43-44, 46, 200-201
東京女子師範学校附属幼稚園　22
統合保育　100
道徳性・規範意識の芽生え　30, 58, 83, 169,
　210
ドキュメンテーション　37, 45-46, 159, 161,
　193, 199, 205-206

ナ　行

仲間関係　84, 88
慣らし保育　163
新潟静修学校附属託児所　22
乳児保育特別対策制度　154

ハ　行

育みたい資質・能力　16-19, 30, 51-52, 55,
　79-81, 89, 124, 140, 183, 209
橋詰良一　24

発達過程　120-123, 128
発達障害　99
発達の課題　114, 130-131
ピアジェ，J.　39, 87
東基吉　23
深い学び　115, 182, 184-185
二葉幼稚園　22
フレーベル，F.　22, 33
分離保育　100
保育課程　13-15
保育所保育指針　14, 16, 18, 29, 32, 35, 49, 66,
　93, 108, 115, 140, 147, 149, 157, 168, 170,
　209
保育要領　25
ポートフォリオ　46, 199

マ　行

学びに向かう力，人間性等　17, 30, 53, 80-81,
　140, 147, 168, 209
メディアアウェアネス　189
メディア遊び　203

ヤ　行

誘導保育法　24
豊かな感性と表現　30, 64, 86, 170, 211
「幼児期の終わりまでに育ってほしい姿」
　19, 33, 55, 82, 86, 89, 116, 128, 147, 149,
　168-170, 173, 176, 178, 196, 209
幼児教育における見方・考え方　50, 130, 140
幼稚園教育要領　12, 16, 33, 35, 49, 66, 93, 107,
　113, 147, 149, 157, 168
幼稚園令　23
幼保連携型認定こども園教育・保育要領　14,
　49-50, 66, 108, 115, 147, 149, 157, 168, 209

ラ　行

ラーニングストーリー　199, 203
ロールモデル　128

編　者

中村　　恵　畿央大学

水田　聖一　流通科学大学

生田　貞子　仁愛大学名誉教授

執筆者 〈執筆順，（　）内は執筆担当箇所〉

中西 さやか　（1章）佛教大学

水田　聖一　（2章）編者

岡花 祈一郎　（3章）琉球大学

矢持 九州王　（4章）花園大学

上中　　修　（5章）関西学院大学

広瀬　美和　（6章）城西国際大学

杉山　晋平　（7章）天理大学

藤田　悦代　（7章）みどり幼稚園

浜崎　由紀　（8章）京都芸術大学

高橋　一夫　（9章，12章）神戸親和女子大学

田村 みどり　（9章）常磐会短期大学

吉田　貴子　（10章）大阪国際大学短期大学部

上村　眞生　（11章）西南女学院大学

堀　　千代　（12章）前常磐会短期大学

伊藤　　優　（13章）島根大学

中村　　恵　（14章，15章）編者

写真提供（各章冒頭）

畿央大学付属幼稚園

新・保育実践を支える　保育内容総論

2018 年 2 月 20 日　　初版第 1 刷発行
2022 年 3 月 25 日　　　　第 4 刷発行

編著者　　中村 恵・水田 聖一・生田 貞子
発行者　　宮下 基幸
発行所　　福村出版株式会社
〒 113-0034　東京都文京区湯島 2-14-11
電話　03-5812-9702　FAX　03-5812-9705
https://www.fukumura.co.jp

印刷　株式会社文化カラー印刷
製本　協栄製本株式会社

© Megumi Nakamura, Seiichi Mizuta, Sadako Ikuta 2018
Printed in Japan
ISBN978-4-571-11611-7
定価はカバーに表示してあります。
乱丁・落丁本はお取り替えいたします。

シリーズ「新・保育実践を支える」
平成29年告示
3法令改訂（定）対応

吉田貴子・水田聖一・生田貞子 編著 新・保育実践を支える # 保　育　の　原　理 ◎2,100円　　　ISBN978-4-571-11610-0　C3337	子どもをとりまく環境の変化に対応し，保護者に寄り添う保育を学ぶ。保育学の全貌をつかむのに最適な入門書。
津金美智子・小野 隆・鈴木 隆 編著 新・保育実践を支える # 健　　　　　　　康 ◎2,100円　　　ISBN978-4-571-11612-4　C3337	子どもの心身が健全に育まれ，自然や物との関わりを通して充実感を得る方策が満載。保育する側の健康も詳説。
成田朋子 編著 新・保育実践を支える # 人　間　関　係 ◎2,100円　　　ISBN978-4-571-11613-1　C3337	人と関わる力をいかに育むかを，子どもの発達の基礎をおさえ，実際の指導計画と実践事例を掲載しながら解説。
吉田 淳・横井一之 編著 新・保育実践を支える # 環　　　　　　　境 ◎2,100円　　　ISBN978-4-571-11614-8　C3337	子ども達の適応力・情操・育つ力を引き出す環境の作り方を多角的に解説。図版と写真が豊富で分かりやすい。
成田朋子 編著 新・保育実践を支える # 言　　　　　　　葉 ◎2,100円　　　ISBN978-4-571-11615-5　C3337	育ちの中で子どもが豊かな言語生活と人間関係を築くために，保育者が心がけるべき保育を分かりやすく解説。
横井志保・奥 美佐子 編著 新・保育実践を支える # 表　　　　　　　現 ◎2,100円　　　ISBN978-4-571-11616-2　C3337	子どもが見せる様々な表現の本質と，それを受け止める保育者にとって有益な情報を実践的な研究に基づき解説。
成田朋子・大野木裕明・小平英志 編著 新・保育実践を支える # 保　育　の　心　理　学　I ◎2,100円　　　ISBN978-4-571-11617-9　C3337	保育者が学ぶべき実践の支えとなる，子どもの発達過程における心理学の確かな基礎知識を分かりやすく解説。

◎価格は本体価格です。